U0021710

（十周年全新增訂版）

45歲退休，
你準備好了？

努力工作、積極理財、
簡樸過日，拿回生活掌控權

田臨斌（老黑）——

著

Are you
ready to
retire?

獻給永遠支持我的另一半
Olivia

老黑吃蟹　老王賣瓜

　　離開職場這些年我一直有種感覺：朝九晚五的生活根本違反人性！

　　想想看，現今主流工作形態，如一周上班五天、領月薪、六十多歲退休等，是工業革命後才有的，在此之前是延續一萬年的農業時代，人日出而作、日落而息，隨季節休養，沒有老闆，也不用加班。

　　再之前是長達幾十萬年的游牧採集時代，人沒有固定工作模式，沒東西吃才出外工作打拚，吃飽後玩樂創造，食物儲存夠多就一直玩樂創造，不需購屋置產或囤積物品，因為必須不斷移動。在人類學家眼裡，那是歷史上最符合人類本質的美好年代，可惜一去不返。

　　現代上班族嚮往退休，目的不出擺脫如職場人事鬥爭、長期經濟壓力，強求人生勝利等，現代社會賦予人們的種種文明枷鎖，重回老祖宗簡單樸素，卻健康且富創造力的生活形態，換句話說，是一種對回歸人類本性的追求。

　　在這樣的追求道路上，我自認是個「吃螃蟹」的人，工作二十二年後選擇在四十五歲離開職場，將心路歷程，來龍去脈記錄

在《45歲退休，你準備好了？》（以下簡稱《45歲退休》）一書之中，原本只想和同好分享心得，沒想到出版後引起廣大迴響。

《45歲退休》2012出版，轉眼十年過去了，十年來上班族所處環境有了不少變化，有些是有利的，如科技進步使得工作內容較多元，工作方式更有彈性等，有些變化帶來的是更多困難挑戰，如薪水凍漲、通貨膨脹、社會老化等。

十年前講退休的書不多，現今出版物大幅增加，原因顯然不只因為屆齡退休人數逐年增加，也因為即使離法定退休年齡還遠，上班族出於對生活品質有更高期待，對於如FIRE（Financial Independence, Retire Early財務獨立，提早退休）這類議題大感興趣，因而預做準備。

書籍數量雖多，大都是令人眼花撩亂的投資理財書，另外還有一些談熟年生活的勵志小品，把退休（尤其提早退休）全部面向完整陳述的幾乎看不到，就當是老王賣瓜，我認為對讀者來說，《45歲退休》仍是這類書籍中，至今最不可不讀的一本。

十年來收到的讀者回饋內容五花八門，有些是我從沒遇過或想過的話題，從而引導我從更寬廣角度看待這個所有上班族都遲早必須面對的課題，並從嘗試回答各種疑難雜症中，理解學習新一代上班族面臨的挑戰、機會，和解決方法。

當年讀過這本書的人，現在正是重新檢討反省，訂立下個十年計劃的好時機；當年還沒準備好讀這本書的上班族，如今陸續

邁入「中年危機」，需要暫時放慢從入社會就衝刺到現在的腳步，喘口氣、思考一下，再重新上路。

寫《45歲退休》時我五十歲，是第一本書，接著陸續寫了八本，當了四年街頭藝人，每年旅行超過一百天，到過近百國家，演講分享上百場，參加過幾十次路跑，一次單車環島，也經歷過數次大小金融危機。罹患過青光眼、憂鬱症等疾病。

簡單說，過去十年是我人生至此最豐富、有趣，和有意義的十年，書出版後有人問我會不會後悔提早退休？我開玩笑說「**那是我這輩子做過最英明的決定**」，要是現在再問同樣問題，我會很認真地回答「那是我這輩子做過最英明的決定」，即使人生重來，還是會做同樣選擇。

過去兩年Covid-19肆虐世界，無休止的疫情影響生活形態，也間接影響生命價值觀，許多人因此自願或被迫延長工作時間，有意思的是，另有為數不少的人，眼見疫情發展難料，感念人生海海，反倒興起不如歸去，提早退休的念頭。

基於以上，我決定在加入新內容後重新出版這本書，一來向讀者報告退休對生活有哪些影響，如何因應；更重要的，是讓有心返璞歸真，追求符合人類本質生活形態的人，得以從一個有實戰經驗的老王身上，得到一些有用的參考借鑒。

45 歲退休，你準備好了？

努力工作、積極理財、簡樸過日，拿回生活掌控權

目錄

新版序　老黑吃蟹 老王賣瓜　　　　　　　　　　　　　003

第 1 堂課　**渴望**

脫離汲汲營營，一成不變的生活形態；
重新開始追求「我的志願」。

- 改變：你有多渴望？　　　　　　　　　　　　　014
- 中年危機　　　　　　　　　　　　　　　　　　017
- 我是誰？　　　　　　　　　　　　　　　　　　021
- Work Hard, Play Hard　　　　　　　　　　　　024
- 我的志願　　　　　　　　　　　　　　　　　　027
- 十年後：你知道自己要什麼，不要什麼嗎？　　　031

第 2 堂課　**金錢觀**

金錢不是萬能，夠用就好，
但究竟多少才算是「夠」？

金錢的價值　　　　　　　　　　　　　　　　　　038
要錢還是要命？　　　　　　　　　　　　　　　　041
消費主義　　　　　　　　　　　　　　　　　　　045
退休需要多少錢？　　　　　　　　　　　　　　　048
你想過什麼樣的生活？　　　　　　　　　　　　　051
十年後：比中樂透威力更大的三個觀念　　　　　　055

第 3 堂課　理財規劃

你不理財，財不理你：
投資理財是一生的功課。

・記帳	062
・巴比倫富翁	066
・貪婪與恐懼	070
・儘早擁有自住房產	073
・分散風險，複利效果	076
・快樂能創造財富	079
十年後：安穩理財　放心生活	083

第 4 堂課　自發性簡樸

為環保盡心力，不只是節省金錢，
更是對被功利牽著鼻子走的日子說「不」！

・過度工作與過度消費	090
・同儕壓力	093
・LOHAS	096
・保持簡單，笨蛋！	099
・生活試驗場	101
・生活是有選擇的	104
十年後：節儉不是美德，是必要手段	108

第 5 堂課　閱讀和旅行

開闊視野，認識自我，
建立真正屬於自己的人生目標。

- 書中自有好人生　　　　　　　　　　　114
- 走上漫長探索旅程　　　　　　　　　　117
- 迎接退休生活　　　　　　　　　　　　120
- 好奇心與求知欲　　　　　　　　　　　123
- 換個地方過日子　　　　　　　　　　　127

十年後：延展生活方式，加強可塑性　　　131

第 6 堂課　職志

創作與學習樂趣無窮，而且沒有終點，
短暫生命發光發熱不二法門，就是自我實現！

- 快樂生活？！　　　　　　　　　　　　138
- 職業vs.職志　　　　　　　　　　　　　142
- 人生下半場　　　　　　　　　　　　　146
- 探索自我　　　　　　　　　　　　　　149
- 創造的樂趣　　　　　　　　　　　　　152
- 馬斯洛需求層次　　　　　　　　　　　156

十年後：活到老，學到老，玩到老，工作到老！　160

_____ Are you ready to retire?

第 7 堂課　健康管理

適當飲食運動，充足醫療保障；
提升生活品質，避免後顧之憂。

・健康教育　　　　　　　　　　　　　　　166
・四大基石　　　　　　　　　　　　　　　169
・忙得沒時間運動？　　　　　　　　　　　172
・戒菸記　　　　　　　　　　　　　　　　175
・心理平衡　　　　　　　　　　　　　　　178
十年後：維持健康不是為活得久，是為活得好！　　182

第 8 堂課　人際關係

保持個人獨立自主，透過和他人相互扶持、交流，
獲得情感慰藉和滿足。

・信任和互惠　　　　　　　　　　　　　　188
・家人親戚　　　　　　　　　　　　　　　192
・另一半　　　　　　　　　　　　　　　　195
・享受獨處　　　　　　　　　　　　　　　198
・社交網站　　　　　　　　　　　　　　　201
十年後：所有人到頭來都是一個人　　　　　205

第9堂課　選擇居住地

優化生活形態，改善財務狀況，
滿足好奇心和求知欲。

· 一動不如一靜？　　　　　　　　　　　212
· 理想退休城市　　　　　　　　　　　　214
· 保持移動性　　　　　　　　　　　　　217
· 移動式理財　　　　　　　　　　　　　220
· 跨出舒適區　　　　　　　　　　　　　223
十年後：此處不留爺　自有留爺處　　　　228

第10堂課　放下

無需恐懼，不用犧牲，
心念一轉，世界海闊天空，人生不再留白。

· 退休生活三要素　　　　　　　　　　　234
· 何需羨慕他人？　　　　　　　　　　　237
· 退休五年誌　　　　　　　　　　　　　241
· 退而不休　　　　　　　　　　　　　　245
· 人生不留白　　　　　　　　　　　　　248
十年後：三座大山：金錢，面子，生死　　252

_____Are you ready to retire?

第**1**堂課

渴望

脫離汲汲營營一成不變的生活型態，

重新開始追求「我的志願」。

改變：你有多渴望？

「夢想是人格的試金石。」——梭羅，作家

　　工作辛苦想休息、想旅行、想改變一成不變的生活嗎？還是……想退休？如果你的答案都是「NO」，那麼恭喜你對生活現況非常滿意，不需要調整，也不需要再繼續讀這本書。但如果答案有一個「YES」，那麼接下來我要問你的問題是：有多麼「YES」？換句話說，你有多麼渴望改變？

　　所有自發性的改變都源自於渴望！渴望不再是「如何」，或是成為「什麼」。

　　對現代人而言，退休是人生歷程中的一個重大改變，但對我們從遠古直到一兩代前的先人來說，退休並不是一個選項。事實上，他們大部分根本活不到那一天。

　　活得夠久的，不管對退休看法是好是壞，時間一到就發生了，早不了也晚不得，人能做的，只有被動的接受。

　　這樣也有好處，因為不需要花太多腦筋思考如何規劃人生。幸福也好，悲慘也罷，總歸就是固定套路。

　　但現在有新狀況了！醫療發達的結果，現代人平均活在世上

的時間比先人們長得多，我們不但可以確定一定會經歷退休，而且還會在這個階段待上很長一段時間，長的超乎我們的想像，甚至超乎我們的期望！

除此之外，還有一個新變化方興未艾，那就是肇始於工業大革命，早已被世人習以為常的終身僱傭制度，現在正在分崩瓦解中。現代人從學校畢業進入企業，很難再像以前一樣從一而終的做到退休，企業界也早已開始修訂過去引以為傲的「從搖籃到墳墓」的人事政策。

過去常見的一技走天下，在瞬息萬變的現代社會中漸漸行不通，甚至連被認為最穩當的政府單位，都面臨可能破產或公務員被裁撤的威脅。

這樣的變化是好事還是壞事？不一定，全看人們準備完善的程度。你或許會說，活得久當然是好事，但別忘了，前提還得是身體健康、心情愉快，否則只是拉長悲慘苦難的時間而已。

另一方面，工作缺乏保障也不見得不好。危機就是轉機，多變的環境提供人們更多機會發展多元才藝，做自己想做的事情，有更大的彈性、空間，「訂做」真正屬於自己的人生。

外在環境的變化，會影響個人發展方向，是好是壞，關鍵就在渴望。

人人都希望改善生活現狀，有人成功，有人卻不了了之。之所以不成功，是因為有些人自認不具備相關能力和外在條件，有

些人認為改變的風險太高，有些人的期待根本和其他目標自相矛盾。

打個比方，有人想要培養運動習慣以改善健康，最終卻失敗了。失敗的原因可能是：運動兩天便累個半死，於是興趣缺缺，認定自己根本不是運動的料；或者是：擔心經常運動會變黑、變壯、變難看，太劇烈會受傷；也有人認為：堅持執行運動計劃勢必影響工作、玩樂和休息時間，還是算了吧！

這些藉口聽起來很熟悉嗎？這些理由或許都不是壞理由，但同時也說明了一件事：這個人的失敗是因為「渴望」不夠強烈！

這個例子用的是人人都會舉雙手贊成的身體健康，但就引起那麼多「強而有力」的託詞，更何況其他事情，譬如，抱怨工作好累好無聊、老闆很討厭、好想陪家人、很想重拾許久沒彈的吉他……。

除非你的渴望夠強、夠大，否則現狀不會在一覺醒來就自動發生變化。

中年危機

「邁入中年後我不再需要搖頭丸了，我只要很快的站起身，就可以得到同樣的效果。」——凱茲，作家

我在四十歲左右體認到，非做些改變不行了。哦！忘了先自我介紹。我1960年出生，學經歷沒什麼驚人之處。和大多數人一樣，求學階段很少考慮性向、志趣這些東西，考大學按分數填志願，上了一個自己興趣不高的科系。

勉強畢業服完兵役，二十三歲進入職場，在一家公司待了二十二年後就拍拍屁股走人。其中有七年外調澳洲和中國大陸，總體說來算得上順遂，沒有經過太多風浪，但和一般人相比時間短很多。

講回重點：我四十歲時發生了什麼事？那時已工作將近二十年，即使升職加薪樣樣不缺，但心裡依然莫名其妙升起一股聲音：人生就這樣了嗎？年少時曾有過的興趣抱負怎麼辦？

原以為是自己腦袋出毛病，後來看書才知道許多這個年齡層的人都有類似困惑，原因可能是，在此之前生活雖然辛苦，但總歸是一路向上，有一天突然發現人生過半，從此只能面對下坡，

因而沮喪焦躁、心煩意亂，也就是所謂的中年危機。

中年危機的現象不但呈現在心理，更在身體。年輕力壯時不知疲倦是何物，菸酒應酬、熬夜加班樣樣來，似乎也沒遭受到老天的懲罰。但四十就像魔術數字，體檢報告出來，指數這個也高、那個也高，以前怎麼吃都不胖，被譏為浪費糧食，現在美食當前卻如臨大敵，好像連喝水都會長肉似的。

最打擊士氣的還不是體檢報告，而是一夜之間驚覺頭頂出現白髮（或掉髮），閱讀書報得保持一段距離才能看清楚，青春的小鳥用各式各樣的方法向我們訴說，青春即將一去不復返。

這個階段，期望改變的想法很容易被視為「飽暖思淫慾」，因為通常處在事業快速上升期，生產力旺盛又不像沒經驗的毛頭小夥子亂衝亂撞。好不容易家庭、事業都打下基礎，忽然聽見來自內心那股不滿、抱怨的聲音。

一開始只當作是一成不變的日子過久了，想嘗試新鮮刺激，許多感情外遇事件發生在這個年齡，不是沒有道理，但尋求刺激之外，更深層次的原因更是在為愈來愈偏離真實自我的生活，尋找突破口。

其實，人們最想要改變的是工作，因為佔據最多的時間、精力。許多看似不相關的問題，像是家庭、健康、交友、精神等等，都跟工作脫不了關係，是癥結中的癥結。但人們最不願意或不敢改變的也是工作，不像剛入社會時，血氣方剛，不爽就跳槽

沒什麼了不起，這時再來轉換跑道、賭氣走人，牽連太廣，茲事體大。

有人用「金手銬的歲月」形容工作上想變卻不敢變的狀態。這時在企業工作的人，年資、經歷、職位、待遇等等，都累積到一定程度，跳槽就算薪水不減，卻需要犧牲別的東西。

許多企業組織提供員工福利會隨年資加碼，有點類似複利效果，年資愈高福利愈好，反過來看，愈到後期才離開，犧牲反而愈大。經常可以見到有些接近退休年齡的人，想盡方法待下來，他們的著眼點經常不是薪水，而是隨年資而來包含退休金在內的其他福利，這就是被金子打造的手銬緊緊束縛的原因。

最可怕的是，因此完全失去自省能力，就像電影《刺激一九九五》（The Shawshank Redemption）裡的情節，犯人被關久了形成「體制化」（institutionalized），無法面對自由生活，不想或不敢離開監獄。職場中，有許多自認人在江湖身不由己的人，其實是已經被功利社會體制化的人。

趨勢大師大前研一把三十五到五十歲之間在大企業工作稱作「魔之十五年」，除了極少數能攀爬到金字塔頂端的人之外，絕大多數這個年齡的上班族都只是努力維持現狀、消磨志氣，說法雖然殘酷，但的確一定程度反映現實。

在我退休的前幾年，基本上就是處在這樣一種狀態。倒不是說工作變得一無是處、難以忍受，更多的是自己的期望變了，變

得在生活上要求比以前更多平衡，在工作上要求更能發揮自身長才，而對不擅長但必須要做的部分，愈加感到不耐。但一切哪能盡如人意，這時支撐我每天早上從床上跳起準時上班的最大動力，就是薪水和年資，而阻止我沒有更早當機立斷做出改變的因素，同樣是薪水和年資。

日子就這樣一天拖過一天，曾幾何時，忙碌的生活逐漸失去為之打拚的意義，和工作相關的學習、成長、成就感等等，變得不再像以前一樣激勵人心，朝九晚五的歲月食之無味，棄之又沒有足夠的勇氣與智慧，甚至有一段時間，有賴在職場每領一個月薪水就多賺一個月的無奈感受。

職業生涯的前二十年，我不斷的告訴自己：等到什麼時候，就可以怎樣！可是，冥冥之中卻有另一個聲音告訴我：你如果再不怎樣的話，另一個二十年很快就會過去，而什麼也不會發生！

我是誰？

> 「退休最大的困擾是，你永遠無法休假。」
> ——雷蒙斯，教練

人們在考量改變時，金錢是主要因素。金錢的確很重要，但不應該是唯一因素，一般人在規劃退休時經常忽視一個問題，那是沒有想清楚：「我是誰？」

我們從小到大，早已習慣用外界賦予的角色來定義自己。譬如，你曾經是某某人家的小孩、某年某班的學生、某大某系的畢業生、某公司的某某職務，或是某社團的成員。一旦離職，忽然之間你什麼都不是了！與人初次見面難以自我介紹，勉強吐出一句：我是某某人的老公（老婆），卻引來對方反問：「那你老婆（老公）是誰？」更糟糕的是，因為脫離群體產生的疏離感，讓人難以忍受。

把工作當成生活重心的人，遇到這個問題時會比其他人更難接受，好像脫離了工作就等於脫離大部分的社交生活。你或許會說：「不會啦！老同事還會是好朋友啦！」我希望你是對的，但通常不是這樣，原因並不是同事們都是見利忘義、過河拆橋的人

（許多人的確是），而是隨著時間推移，彼此的生活內容和關心事物必定愈加不同，就像生活在兩個不同世界的人，很難維持長久友誼。

這方面問題，男性又比女性嚴重。因為男人對權勢看得很重，而權勢必須由外界賦予，是被人捧出來的，沒有工作光環的加持，就沒有來自屬下和其他有求於你的人的崇敬眼光（不管這眼光是真是假），也就減少能夠發揮影響力的機會。

在我的生活四周，見到不少已經達到退休年齡而且經濟不成問題的人，卻依然竭盡所能的抱著早已不想或不需要做的工作不放，怕的就是這個緣故。

我自己退休前在企業組織中算是不大不小的官，多年來受到辦公室文化薰陶，平時被人前呼後擁，奉承拍馬屁的感覺是再自然不過了，但退休後只剩下老婆可以指揮，還經常指揮不動，很不習慣。

仔細想想，這些角色、頭銜除了說明一個人的學歷、職業，和家庭背景外，並沒有提供關於個性、喜好、情感、價值觀，和特長的敘述，頂多只能算是一個辨識的符號，但久而久之，往往連我們自己都用這樣的符號來認知自己，活在由外界定義的世界中，為下一個更風光、響亮的符號而汲汲營營，卻忘了認識自己，於是又怎能不和內心的真實自我漸行漸遠呢？

反而是在失去社會身分後，被逼入牆腳更能反求諸己。其

實，每一個人都是一座寶藏，不挖則已，一挖才發覺自己原來有這個有那個。挖掘的過程更是一路驚喜不斷，就像和一位多年不見，既熟悉又陌生的老友重續前緣一樣。雖然偶爾也會挖到一些不美好的東西，但總歸真實，一旦懂得坦誠面對自己內心，許多過去曾經感到後悔慚愧，難以面對的人事物，如今都更能包容釋懷。

回想第一次面對「我是誰」的體驗，至今記憶依然深刻。那是剛退休不久參加前同事的婚宴，席間碰到生人，老同事想幫忙介紹卻結結巴巴講不清楚，我只好跳出來老實說自己已經退休，結果引來眾人狐疑的眼光，接著是一陣尷尬沉默。

後來我漸漸習慣這些眼光和沉默，也就不以為意了。退休至今我未曾用過名片，因為不知該印什麼在上面，偶爾碰上需要交換名片的場合，口中習慣性的賠禮道歉，但心中反倒比過去更為踏實、自信。

Work Hard, Play Hard

「每天努力工作八個鐘頭，你就有機會成為每天工作十二個鐘頭的老闆了！」——弗斯特，詩人

　　還有一件事影響我們對工作和生活做出立即改善的意願，那就是被現代社會多數人，尤其是華人世界的絕大多數人所推崇、認定的工作道德觀。年輕人進入社會後各自際遇不同，共同點是每個人都戴著鋼盔向前衝，有人順利、有人摸索迂迴前進，以前在學校最愛談論的理想抱負，很快就被成家立業所取代，再過一段時間，老同學們勞燕分飛，社交圈又全被同事、客戶所取代。

　　回想一下，你難道不覺得學生時代的友誼更真實嗎？工作中經常和某些人在某個階段相處時間比家人還長，但到了下個階段，各自鳥獸散，老死不相往來，很難成為較長遠的朋友。這不是人的問題，而是職場的特性，利益糾葛錯綜複雜，尤其是「權勢」這個春藥，能夠改變一個原本老實樸素的人。

　　現代社會強調工作第一，加班除了有必要性，更是一種「美德」。下班後，同事們玩在一起，唱歌、聚餐、談辦公室八卦，也經常無法避免，因為代表的是一種積極工作態度，準時下班不

但招人側目，還成了茶餘飯後大夥揶揄取笑的對象。同事們白天工作在一起，晚上經常一起出差或玩樂，革命情感濃得化不開，隸屬於一個團隊的歸屬感雖然不賴，但所謂的生活，至此跟工作幾乎劃上等號。

不管行業、不論職務，這已經形成一種普遍的上班族生活形態，更準確的說，是一種全世界資本主義、自由市場的新興工作道德標準。這個可以簡單稱為「Work Hard, Play Hard」的行為模式，被千千萬萬的上班族群奉為時尚。不信你打開電視，許多像是啤酒、汽車、服裝、手機、化妝品，甚至教育機構、企業招聘等等的廣告，都可以看到一位帶著萬人迷微笑的青年才俊，馳騁穿梭在商場、球場、舞場、情場之間，兩袖善舞，無往不利，一再向我們保證這股風潮只是方興而未艾。

不管自己是否這麼做，現代人大都認同「Work Hard, Play Hard」的正當性和合理性。但你知道嗎？存活了千千萬萬年的人類祖先，可不認識這個被我們視作理所當然的道德觀。這股風潮是工業革命以後才漸漸形成的，美國人是始作俑者，再透過強勢文化影響全世界。記得電影《華爾街》中的年輕交易員嗎？五光十色的生活，讓包括我在內的上班族心生有為者亦若是的想法。

人類不斷進化，新觀念不斷產生，老祖宗不認識它，會不會因為這是文明進步的最新產物？不見得，事實上，愈來愈多的有

識之士不這麼認為。講穿了，這個行為模式的核心正是資本主義最強調的生產和消費，只是加上各種美化包裝讓人一時認不出來而已。

以前的人工作為養家活口，求得溫飽後把剩餘時間用來做自己真正喜歡做的事，生活因此得以充滿樂趣和意義。現代人工作大都已超越求得溫飽，卻永遠處於一種匱乏狀態，原因是現代生產不只為滿足基本需求，更是為創造額外欲求，欲求引領消費，消費又導致更多生產，形成一個永無止境的循環。現代人雖然壽命較長，卻因為這個循環而永遠活得像隻無頭蒼蠅一樣忙忙碌碌。

「Work Hard, Play Hard」雖然始於歐美，在原本就崇尚勤奮工作的華人世界更被發揚光大：因公受傷是勞動楷模，為工作犧牲家庭是大公無私，貪婪是積極工作的動力，知足是懶惰懦弱的行為。在這種宇宙無敵英明神勇的工作道德觀影響下，即使心知肚明工作是眼前生活品質低落的元凶，卻寧願從其他方面下手，而不願輕易調整工作現狀，長此以往，在我四周就有不少人因此健康出現問題，或是婚姻發生狀況。

一股世界性的反撲力道已經從部分歐洲國家漸漸生起，甚至連掀起Work Hard, Play Hard風潮的美國社會如今都在反躬自省，透過生產和消費循環造成更大、更多、更快、更好的追求，究竟要把人類的生活帶到哪裡？

我的志願

「在悔恨取代夢想之前，人不會變老。」
——巴里摩爾，演員

　　還記得小學時寫過的那篇作文〈我的志願〉嗎？內容是什麼？你現在還是這麼想嗎？發生了什麼事？無論你當時是滿腔熱血的傾訴內心真實想法，或（跟我一樣）只是應觀眾要求寫個醫生、工程師之類的交差了事，我猜你現在正在做的事和當時寫的不一樣。

　　我們接受的教育很少教導我們認識自己，進而訂定真正屬於自己的人生目標。從小到大只知道把書念好就能進好學校，進了好學校就能找到好工作，好工作就能確保顏如玉和黃金屋。至於性向、志趣這些東西，求學階段偶爾有所聞，但沒什麼人真的把它當回事，一路走來，誤打誤撞，自求多福的成分遠大於其他。

　　我們也很少被鼓勵要大膽嘗試、冒險犯難，事實上，我們不斷被灌輸的是只要夠「乖」、夠努力，就可以舒服風光的度過一生。在這前提下，許多人在校所學和本身志趣不合還不是最大問題，因為雖然可惜，日後還有修正機會，最可怕的是從此養成依

賴、退縮的習性，遇到抉擇，永遠只會挑選最安穩舒適的道路。

人生旅途中，我們大多走一步算一步，時間一到，該上學的上學，該工作的工作，大部分時間只知其然而不知其所以然，規劃和訂定的人生目標也缺少深思熟慮。非要問有什麼追求？榮華富貴，子孝孫賢囉！但如何達成？成功的人怎麼做就跟著做囉！

其實每個人的特點、長才都不同，小時候接觸新鮮事物時的直覺好惡，最能識別一個人的志趣、性向，反倒是年齡愈長愈被外界影響，長期「蒙塵」的結果就是埋沒真實自我而不自知。說來可笑，原本人們該為突顯老天賦予的長才、特點而戮力打拚，最後卻花大部分時間和精力讓自己和其他人一模一樣，你說矛盾不矛盾？

許多人到了中年才有「我是誰，人生為何而戰」的困惑，你或許會說：一切都來不及了！但真的是這樣嗎？人的價值觀形成跟從小成長環境和所受教育有密切關係，但顯然並不是一旦形成就不能改變；同樣的，年過三十健康開始走下坡是事實，也不該因此就阻止我們嘗試新鮮事物。探索自身和外在世界不但樂趣無窮，更是對生命負責任的表現，不管處在哪個人生階段、扮演哪個人生角色，自認見多識廣不需改變的人，才是真的了無生趣，垂垂老去。然而，這種事真的和年齡沒什麼關係。

關於這點，我覺得年輕時如果搞不明白，問題不算大，因為正在奠定人生基礎，選擇本來就不太多，但如果到了三十五歲以

後還沒有一些體悟的話，就令人遺憾了。有人說：人生上半場要追求事業成功，下半場要活得有意義。但不見得上半場非得功成名就，才有條件追求下半場的人生意義，也不是說，年輕時不該追求人生意義。事實上，愈早認清自己並努力發揮特質的人，愈有可能獲得事業成功和人生意義的雙重報酬。

　　拒絕被工作體制化的意思並不是說工作像坐牢，而是真心相信工作是為了更精采的生活，而不是活著為了做更多的工作，無論身處任何環境，重點是保持一個自由自主的心態。遇到類似「魔之十五年」的瓶頸，一般人的因應之道是調整自己、降低傷害，期望原來擁有的東西能盡量保留，大前研一建議的解決方法是按下「重新開機」（Reset）鍵，徹底跟過去說拜拜，置之死地而後生。

　　總之，退休是人生大事，如果只是抱著有最好，沒有就算了的心態，而不是打自內心信服，並且採取實際行動促使它發生，那麼，就算你符合所有條件，改變還是不會發生的。你正在看本書，表示對退休有某種憧憬，或許你該把前因後果再想清楚，確認自己的渴望究竟有多強烈。

課後自省

- 生活總是太忙碌？

- 希望花更多時間在工作以外的人事物？

- 很清楚自己的個性和長短處？

- 現在的工作能夠發揮長才、獲得成就感？

- 很清楚自己的人生目標？

- 需要為有限時間做選擇時，會優先考慮工作？

- 會贊同家人為了工作而犧牲健康、對家庭的關注？

- 小時候的志願是什麼？現在的志願又是什麼？

- 訂定的志願是否考慮自己的天賦才能？

- 有足夠的時間和能力去實現志願？

- 經常告訴自己「等到⋯⋯時候，就可以⋯⋯」嗎？

- 有活在當下的感覺嗎？

十年後

你知道自己要什麼，
不要什麼嗎？

你能夢想得到的事，你就能做得到。——Disney，製片家

如果有研究機構對上班族做「工作與生活滿意程度」追蹤調查，相信現在的答案（2022年）和十年前相比，是一個很有趣對照……。

一方面，薪資凍漲已持續相當長一段時間，現今上班族的收入滿意度低於過去可想而知，年輕人進入社會找個能糊口的工作問題不大，但想要憑個人努力快速賺錢、存錢，達到無需為五斗米折腰的財務自由境界，和過去相比，難度不知高多少倍。

尤其永無止境飆升的房價，像個巨大牢籠，將上班族牢牢罩住，讓本就難以達成的人生夢想變得更加遙不可及。記得三十多

年前我老家所在的台北大安區，一戶普通公寓要價首次突破千萬，已令人匪夷所思，面對現在動輒每坪百萬，只怕薪水不比當時高多少的現代上班族，早已無奈到沒了感覺。

社會瀰漫一股「躺平」風不是沒道理，上個世代年輕人「愛拚就會贏」，現在「拚了又如何」，年底調查對薪水不滿的上班族比例超八成，想在新年換工作的超六成，年年如此，代表即使換了也不見得更好，拚死拚活，換來換去，除了極少數，大都在原地打轉，不如躺平。

但從另一方面看，不管存在多少風暴，不均、危機、威脅，當今世界處在前所未有的富裕境界是不爭事實，現代人煩惱的不再是何時脫離一天花費不足兩塊美金的貧窮線，而是何時達到人均GDP五萬美金的富裕線，當然社會上永遠有窮人，但「窮」的定義也在與時俱進之中。

也就是說，現代人再怎麼不濟，物質條件總比過去好，變差的主要在精神層面，講白話點，現代社會即使真的躺平也餓不死人，倒是勞而不獲的生活現實可以悶死人，因此，只要願意改變心態，把打拚目標從追求物質享受轉換成整體生活品質，所謂人生理想就不再是天方夜譚了。

改變現今人們想法的另一個意外變數是Covid-19，疫情帶來諸多不幸不便，卻也讓許多人赫然發現，原本的生活形態很可能搞錯方向，疫情前人們自由自在，卻將自己關在一個名為「生

活」的牢籠，怕窮、怕死、怕被人看不起，疫情一來，才發現唯一值得害怕的是不能好好工作、玩樂。

不管環境怎麼變，人要活得精采、有價值，總歸得回到「我是誰」、「我的志願」等根本問題，可能有人會說身為一個每天忙得像狗一樣的上班族，哪來美國時間想這些有的沒的？現在不想總有一天要想，到時很可能時不我與。

鼓勵人們不管處在人生任何階段，都要列出「願望清單」的原因在此，一來它會隨時提醒你人生有限，不要浪費時間，更重要的是做這件事能強迫自己和內心對話，釐清自己究竟要什麼、不要什麼，優先順序為何？缺少這樣的對話很容易陷入生活汲汲營營，卻不知為何而戰的困境。

有人可能覺得將如跑馬拉松、環遊世界，開畫展等列入清單太不現實，因為雖然嚮往但離眼前生活太遙遠。別猶豫，列下來就對了，人的潛力很大，尤其進入人生下半場幾乎所有事情都可以重新開始，有目標才有行動，嘗試成功固然美夢成真，即使失敗也不遺憾，只有不嘗試才真遺憾。

還有人努力打拼終於達到財務自由，放下工作卻立刻失去生活重心，無論旅行、玩嗜好，學新事物都維持不久，結果要不重回職場，要不寄情投資理財。你可能會說這就是他的願望啊！或許吧，我不是他，但坦白說，我認為更可能是，除了賺錢之外，他從未搞清楚自己要什麼。

　　總之，現代上班族要靠個人努力，達到四十五歲有車有房有存款，辭掉工作領退休金享清福，過去不容易，現在難度只是更高而已。

　　但換個想法，人均壽命增長，職場生態轉變，現代人追求的不該只是儘早過上「含飴弄孫，看看電視」的傳統退休生活，而是藉由努力工作、積極理財，簡樸生活等作為，拿回全部或部分生活掌控權，從而得以做喜歡的事，過喜歡的生活，活到老、學到老、玩到老、工作到老。

　　要做到這點，不管環境怎麼變，最關鍵的通關密語並沒有變，那就是：**你的渴望有多強烈？**

第**2**堂課

金錢觀

金錢不是萬能，夠用就好，

但究竟多少才算是「夠」？

金錢的價值

「缺少金錢是所有罪惡之源。」── 馬克吐溫，作家

　　還在看本書嗎？太好了！表示你是認真的在思考，對眼前生活做出某種重大改變。第二堂課我們要開始談「錢」了！

　　我知道你早已迫不及待，搞不好乾脆跳過第一堂直接來到這裡，如果是這樣，我建議你還是得回頭閱讀。本書的十堂課都是必修，你可以跳著閱讀，但不能錯過任一章節。我也了解，你很想趕快知道投資理財的撇步，以便提早退休，但要請你少安毋躁，下一個章節我會談更多理財的技「術」，但在此之前，讓我們先看看理財的「道」理。

　　在網站上用「退休」當關鍵字搜尋書籍，跑出來最多的是和投資理財相關的書，另一類則是銀髮族的生活規劃。沒錯！千千萬萬正在為生活打拚的人，不論年齡高低都有共同的夢想：早日退休！如果你問：為什麼不明天就退休，十人中大概有九人會說：錢不夠啊！剩下的人會把你當瘋子，懶得回答。

　　退休當然需要錢，其實當我們考量人生較重大事情時，第一個浮現腦海的就是金錢。回想一下：找（換）工作、買車買房、

子女教育、扶養父母、醫療保險，休閒渡假，甚至戀愛和婚姻都需要用到錢。金錢的重要性，再怎麼強調都不嫌太過。

也許有人會說：「金錢不是萬能，健康、時間、愛情都是金錢買不到的！」是這樣嗎？如果你看過歐亨利寫的短篇小說《財神與愛神》（Mammon and the Archer），就會有不同的看法。書中描寫一位年輕人，因為苦於沒機會向心上人傾訴衷曲而對腰纏萬貫的父親訴苦，富翁老子於是砸下重金巧妙的安排一場街頭大塞車，讓兒子終於美夢成真。誰說金錢買不到時間和愛情呢？的確，有些東西不是金錢能直接買到的，但金錢能幫助我們間接獲得需要和想要的東西。

如果再往更深層次思考，其實這就是金錢能做的所有事情了！錢是什麼？對現今社會大多數人來說，錢不過就是電腦螢幕上的一堆數字，幾張塑膠卡片再加上一疊紙張而已。金錢本身根本「不值錢」，但人們之所以汲汲營營，是因為金錢能「幫助」我們達成某些生活目標。重點是「幫助」這兩個字，換句話說：金錢是工具而不是目標！

也許你會說這道理連三歲小孩都懂，有什麼好解釋的？那可不見得。若是你問一個小孩，他的人生短中長期目標是什麼，他可能會說：上台大、做律師，最終競選總統服務人群。等這小孩二十五歲時你再問他同樣的問題，他則會回答：三十歲存夠一百萬，四十歲一千萬，最終一億元退休享福。

　　還不信嗎？你問一個人需要多少錢才能退休？他可能會說：一千萬元，等存到了一千萬時你再問他，他會認為一千萬不夠，需要三千萬；有了三千萬元，他說起碼要一億，等到有了一億元，他說錢那麼好賺，為何要收手？這樣的人是把錢當成工具還是目標？你說懂得這道理，而且自己不是這種人，嘿嘿，咱們走著瞧！

要錢還是要命？

「擁有金錢唯一的好處是使用它。」
——富蘭克林，政治家

　　有一對美國夫婦在七〇年代寫了一本書叫做《富足人生：要錢還是要命》（Your Money Or Your Life），經歷幾十年到現在仍然相當風行。

　　書中首先確立一個觀念就是工作賺錢必須以付出時間、精力為代價，在這前提下，作者詳盡制定了九個步驟幫助人們，以最少代價達到財務無需依賴固定工作的狀態。這九個步驟在實際操作層面上其實沒什麼大不了，它真正的作用在於引領人們思考金錢之於人生的價值。

　　對絕大部分的人來說，我們對成年後工作賺錢養家活口所付出的精力、時間，視為天經地義，卻很少考量這樣的付出是否也該有個限度。我們擔心時間不夠用，總是將工作視為時間分配的優先考量。我們擔心工作不能帶來預期的金錢回報，解決方法是更努力工作以突破瓶頸。我們擔心對家人親友沒有盡到關愛的責任，於是想方法賺更多的錢買這買那。

有多少人曾經自問，如果在工作之外有多餘的時間、精力，要如何安排生活？這樣的安排是否更符合人生目標和價值？我的人生目標和價值是什麼？是否願意減少工作時間和收入，使這樣的安排變為可能？這種反思如果等到考慮退休才開始考量，通常已經太晚了！試想，要是家庭、學校、社會，能從小就教導我們獨立自主思考這些問題，人生該會是多麼的不同。

如果把這些事情都想得夠清楚明白，就等於回答了「要錢還是要命？」這個問題。當所擁有的物質連最基本的養家活口都達不到時，當然需要竭盡心力工作賺錢，但一旦越過溫飽線後，生活需要多少錢就有彈性調整的空間了。不要誤會，我不是鼓勵你能溫飽就把工作辭掉，每天曬太陽無所事事（雖然聽起來也不賴），我是請你想明白，需要更多錢的目的是什麼？

如果你說：「這個容易，有錢還怕沒地方花嗎？多多益善，我保證花的頭頭是道！」可以，但讓我再提醒你一句，賺錢是需要付出代價的，為了賺錢就沒有辦法做其他有趣的事情。你說：「沒關係，看著源源滾進的鈔票就達成人生目標啦！」那我舉白旗投降，祝你幸福。但假設你說：「賺錢很棒，如果還能有更多時間和家人相處，更多精力從事心愛的繪畫，那一切就很完美了！」啊，我開始隱隱約約看到你真正的人生目標藍圖了。

就讓我們拿畫畫當例子吧，有一個人從小愛畫畫，畫得也不錯，後來因為種種因素沒有以此為業，但始終不能忘情繪畫的

他，立志有一天有錢有閒的時候，必定要重拾畫筆。問題來了，「有一天」是哪一天？他或許沒有梵谷、莫內的天賦，不畫畫也不會少塊肉，但是沒有下工夫去畫不知道自己的能耐，也辜負老天賦予的才藝，等於是心頭少了一塊肉。

那麼他是否該仿效梵谷寧可一生窮困潦倒，舉債度日還是堅持要畫呢？倒也未必，工作賺錢讓自己日子過舒服點還是挺重要的，何況，畫畫本身也要花錢，上課、買顏料，出外寫生等等都是開銷。

在這樣的考量下，他為未來提供了一個很好的開端，於是他出外工作養家活口，盡所有該盡的責任義務。此外，他還多存了一些錢用來從事自己愛做的活動，並且盡量降低後顧之憂；同時間，他從未停止計劃在可能範圍內儘早找回生命的熱情，展現自己的長才。把這些因素綜合平衡之後，「有一天」呼之欲出。

當然，還有另一種可能是，他在不知不覺中變成了一個以金錢為目標的人（就像許多人一樣），於是「有一天」永遠不會到來，他也一直抱著莫名的遺憾度過此生。

我離開職場回到台灣後在不同場合做過多次演講，對象大致分為兩類：即將畢業的大學生和事業有成的中年人，對中年人的講題是以退休規劃為主，幾次下來，我注意到一些有趣的現象：女性對生活品質的要求明顯較高，換句話說，女性似乎更「要命」；男性的反應則偏兩極，大多對較平衡的生活抱持正面看

法，但也有些人就像是被傷到痛處一樣，態度消極甚至排斥。

原本我以為只是特例，後來發現屢試不爽。總有一些人不愛聽這方面的事情，他們在演講一開始還充滿興趣想學點理財撇步，但一聽到人生理想、熱情這些議題，臉就垮了下來。當然，也不是說人人都得認同某個特定價值觀，但完全把自己封閉起來，想必也沒什麼好處。我不確定是什麼因素，造成這事情在性別上的差異，但碰到這種情形，每每讓我想起一句話：男人真命苦！

消費主義

> 「流行文化和深度無關，和行銷、需求供給和消費主義有關。」——瓊絲，作曲家

是什麼造成人們把金錢當成目標，而不是工具？其中一個主要因素是消費主義。你知道現代人所擁有的物質財富比我們的祖先高多少倍嗎？答案是一個很大的數字，那你知道現代人生活的幸福感比我們的祖先增加多少倍嗎？從有研究調查以來，這個數字就是負數，而且一路下滑。換句話說，我們擁有的愈來愈多，生活卻愈來愈悲慘黯淡。

既然如此，何必還要擁有更多？答案是：我們都病了，病得無法自拔。幾年前有一本書《流行性物欲症》（Affluenza），講的就是這種不得不擁有、非擁有不可的現象，這個名稱或許不夠權威，但這就是現今社會流傳最廣、病情最重的疾病，我們都在不知不覺中感染了。

先來看看這個疾病的症狀：感覺自己永遠處在對某些物品匱乏的狀態、鞋櫃中永遠少一雙鞋、家中永遠少一件裝飾品、照相機永遠少一項關鍵功能……，所以必須不斷的買買買，「寧濫毋

缺」，否則怎麼能夠被人看得起，怎能表現對家人親友的關愛，又怎能對得起如此賣命努力工作的自己。

病症二：曾幾何時，你工作之餘最大的休閒消遣成了逛商場！無論你的理由是趁週年慶趕緊添購一些家用必需品，或為心愛的人挑選一件貼心禮物，還是純粹只是到新開的新穎、豪華賣場長長見識。承認吧，你就是愛逛！在商場，你感覺舒適放鬆，甚至潛意識中有一種報復生活壓力的快感，壓力愈大，你就報復（買）得愈凶。如果你說：「我只是逛逛，沒買什麼東西啊！」那請問你，難道沒有更有意義的事能讓你度過寶貴的休閒時光嗎？

再來看看病因。前面提過，資本主義的核心是生產和消費的循環，這個疾病的病因正是「消費主義」。它從何而來？從我們每天接觸到鋪天蓋地的廣告而來，若是你說：「我不愛看廣告！」別傻了，你躲不掉的！電視、廣播、網路、報紙、雜誌、看板、巴士、包裝、手機……，我們活在一個廣告的世界。它的力量無遠弗屆，手段無所不用其極，它鼓勵你、引誘你，甚至欺騙你、恐嚇你買它的產品和服務，我們對它毫無招架之力。

在消費主義作用下我們就是要買，需要的買、不太需要的還是買，連完全不需要的都買。家庭主婦如果沒有幾個名牌包簡直出不了門，甚至婚姻狀況也因此亮起紅燈，因為老公不送表示不愛我；3C族眼巴巴盯著最新機型上市，才不久前當成寶物的老

機器如今視如敝屣。

　　長此以往，有兩個不利的結果：一是顯而易見的存不了錢，更嚴重的是整體生活因此陷入老鼠賽跑的陷阱之中。見過籠中的老鼠，在一個轉盤上追著食物跑嗎？牠不斷追逐的唯一下場就是把自己累倒累癱，因為永遠沒有終點。如果你說：「為了得到想要的東西，激勵我努力工作，雖然辛苦，但成果也很豐碩。」那麼恭喜你，但你還是一隻在籠中賽跑的老鼠。抱歉！

退休需要多少錢？

「真正的財富不是金銀財寶，是健康。」

—— 甘地，政治家

　　讓我們回到退休這個話題。在談論它（尤其是提早退休）的時候，我最常被問到的問題是：需要存多少錢才能放心的不工作？每次面對這問題，總會讓我結結巴巴難以給出一個爽快的回答，我知道你希望聽到一個明確的數字，但這事情真的不是三言兩語能說明白的。

　　看過許多調查報導，在美國這數字介於一百到三百萬美元之間，台灣在一千萬到一億台幣之間。數字因地而異不難理解，物價不同嘛，但那麼大的區間代表什麼意思？除了各方專家對未來通貨膨脹的看法有出入，造成這麼大區間的主要原因是「生活形態」。換句話說，符合你的人生目標的生活形態和我的有出入，於是你需要的錢必定和我需要的不同。

　　但這不表示人和人之間完全無法比較，有些道理還是相通的。首先，有兩種人可以不用考慮這個問題：一種人總是活在別人眼光中，他努力追求更大的房子、車子、更高的身分地位，和

更多的羨慕眼光，但是炫耀、與別人做比較是無邊無界的，於是多少錢都不夠用；第二種人是無限延伸對子孫的責任，這樣的人允許（有時簡直是鼓勵）子孫成為啃老族，他認為將身後財產留給子孫是關愛的表現，更是長輩的基本義務，多多益善，於是又成了另一個永遠添不滿的無底洞。

看出來了嗎？這兩種人正是會把金錢當成目標的人。我們常在身邊見到這兩種人，其實這只不過是個人價值取向，無所謂是非對錯。如果你是其中一種人，就摸摸鼻子，老老實實的接受現實就好。但一個很有趣的現象是，很少有人願意承認自己是這樣的人，卻成天抱怨太忙太累，經常把退休掛在嘴上，又不願意付出努力改變觀念。這樣的人不但把自己搞得沮喪焦躁，進退失據的境地，還容易把親近的人一起拖下水。

如果你不是這兩種人，而且心甘情願接受簡單樸實的生活，那麼上面提到的數字下限，足夠你過著無風無浪的退休日子。我是在退休後經過一段時間的身體力行，才發現養活兩個閒人需要花的錢比想像的少很多，原因是不上班可以節省許多交通、服裝和應酬費用，除此之外，時間自由意味著可以避開人潮享受各種離峰時段的折扣，空間自由更可以選擇在物價較低廉的地方生活。

我退休時擁有多少資產？確實數字我賣個關子，其實講出來參考價值也不高，因為我說過，每個人的生活形態不同。這麼說

吧，有人問我是不是有錢人？我說：我比窮人有錢，比有錢人窮。這是廢話也是實話，所謂：「人無橫財不富」，所以我不富。

退休前，我的確是別人口中的「大上班族」，薪水比平均水準高不少，但總歸是死薪水，投資理財績效又很糟糕，更別提工作年資短所以累積財富的時間也短，退休幾年下來，原來比我職位和薪水低的人都早已迎頭趕上。

講這些不是要藏富或哭窮，只是想說明：退休的確需要一定的經濟基礎，但很可能不如你想像的那麼多。

有趣的是，四周人聽說我在四十五歲退休的反應。有一位年齡和我差不多，常年在中國大陸開工廠，員工近千人的台商，不好意思直接問我，旁敲側擊問我老婆：我的身家有多少個億，居然膽敢在這個年齡退休？問得我老婆張口結舌講不出話來。最有意思的是我老丈人，單刀直入問我偷拿了公司多少「好處」？我鄭重其事的告訴他，我沒有貪汙任何人的錢財。

你想過什麼樣的生活？

「大家都說金錢不能帶來快樂，但每個人都想親自證明這件事。」——齊格勒，作家

　　生活本身的確花費不高，但這種只是「活著」的狀態，過起來也沒什麼意思。溫飽之外，生活還需要接受挑戰、學習成長，問題是，很多人被現實折磨久了，只知道自己不要什麼，但清楚明白自己要什麼的人其實不多。因為這麼多年來總是被生活推著跑，很少有機會認真思考內心的真實渴望。最近某雜誌調查，超過四成的人不知道退休需要多少錢，反映的事實就是，許多人不知道退休後要過什麼樣的日子。

　　認識自己的特點，而且有閒有錢去實現這些特點是人生最幸福的事。退休提供所需要的「閒」，至於「錢」的部分必須靠自己張羅。再拿前面提過的畫畫當例子，如果一個人知道自己最特出的興趣、才能是畫畫，並且決心全力投入藝術創造，這個人是幸運的！這會降低他對權勢虛名的興趣，豪華奢侈的事物也不容易迷惑他，因為生活中有比這些更吸引他注意的東西，那就是內在的成長。

　　身陷消費主義，喜愛炫耀、和別人做比較的人，其實不是真的樂在其中，樂也樂不久，因為永遠買不完也比不完，真的買完比完了，富可敵國、舉世無匹，人生更是從此了無生趣。缺少對可長可久樂趣和意義的追求，人就只能不斷的將自己麻醉在短暫的刺激快感之中，每次快感退去都需要再加重下次的劑量，長此以往，注定最終空虛失落的下場。

　　做自己喜歡做又能幫助身心成長的事需要花錢，許多退休人士喜歡的旅行也需要花錢，有人說：「最好的投資就是投資自己」，這些活動正是投資自己，這些花費也就成了過好日子的必要花費。在規劃退休的時候，除了反覆琢磨數字之外，其實更重要的是思考人生目標和與目標相關的日常活動，否則就是本末倒置。

　　還在上班時，有位和我一起在中國大陸工作，年齡、資歷都差不多的香港同事，成天計算離職時可以領多少錢，偶爾在辦公室碰上，總是拉著我說他多麼厭倦工作，期待早早退休移民加拿大陪伴家人，還打算領到離職金後買跑車給老婆上超市買菜，而喜歡接近大自然的他，要為自己買一部露營房車上山下海，犒賞多年工作的辛勞。

　　當時聽得我好生羨慕，結果呢？我退休後他又工作了五年，然後換一家公司，現在還在做類似的工作，前陣子通電郵問他近況，他說：「和幾年前一樣，還是厭倦工作，還是想退休，只是

感覺未來充滿不確定性，因此總是鼓不起勇氣離開不理想卻熟悉的環境，很無奈！」

我自己在退休前幾年開始對生活不滿，而且隨時間推移身心俱疲的情況愈來愈嚴重，經常早上被鬧鐘叫醒還賴在床上，只想找藉口不去上班。我想改變，卻又對改變後的新局面只有模模糊糊的概念，後續發展也是經過一段長時間的探索之後才漸漸定型。我的用意是要告訴你：有時候，尤其是不嘗試就不知道結果的時候，最好的策略往往是跟著心走，Just Do It!

你知道退休後要過什麼樣的日子嗎？你的腦海中是否已經冒出好幾樣，如果明天就退休，想要立即從事的活動？如果你想到的是到歐洲渡長假、和思念已久的親友聚聚，甚至只是大睡一覺、大採購之類的事情，那恐怕就和其他人一樣：只知道不想做什麼，對要做什麼卻還想得不夠透澈。我前陣子看到一個調查報告：上班族退休以後最嚮往的活動，第一名竟然是「什麼都不做」！明白我的意思了吧！

一般人視金錢為退休的最大障礙，金錢的重要性雖然毋庸置疑，影響力卻被明顯高估了。許多人因為看不清楚金錢的價值，而阻斷其他方面的規劃，很可惜。當然，改變觀念也不像改變穿著一樣輕鬆容易，看完這章以後，如果心中還有困惑疑問，建議你繼續讀下去，看完其他章節再回頭重修這堂課，或許會有不同感受。

課後自省

- 覺得退休需要多少錢？

- 如果有這些錢，會立即退休嗎？

- 這些錢的用途是什麼？

- 願意為了減少工作時間，而少賺點錢嗎？

- 花多少時間逛街購物？佔休閒時間的比重多少？

- 花多少時間、精力關注最新流行趨勢？

- 如何犒賞自己辛勤的工作？如何表達對家人、親友的關愛？

- 從事什麼消遣活動，培養什麼興趣？

- 對教養子女、遺留財產給子孫的看法是什麼？

- 如果中大樂透，生活會有改變嗎？

- 如果沒有家庭、社會觀感的羈絆，生活會有何改變？

- 知道自己人生的短、中、長期目標嗎？

| 十年後 |

比中樂透威力更大的三個觀念

投資在知識上，可以獲得最高的利息。

——富蘭克林，哲學家

　　通常人們想到退休規劃的第一件事就是：錢！這點不隨時間改變而改變，會變的是退休金數字，以及籌措方式，這些留到下堂課再說，這裡先來討論觀念，尤其是過去幾年我在講座中必定提到的三個觀念：**1.足夠就好，2.簡樸生活，3.破產上天堂。**

　　《聯合報》過去兩年針對「退休力」做大規模調查，所謂退休力分三部分：1.財務，2.健康，3.心靈社會（這個部分可再細分為社會連結、活躍好學、自在獨立），比重各佔三分之一，滿分一百，調查結果顯示台灣社會平均分數是不及格的五十四分，其中單項分數最低的就是財務。

　　考量國人一向重視金錢，標準較高，自我評量結果在及格線之下不令人驚訝，更值得參考的是各年齡層的狀況，報告顯示六十歲是分水嶺，六十歲以下平均分數不到五十，以上則是高得多的六十五分，個人解讀不是過六十歲財富突然增加，而是退休後才了解對錢的真實需求。

　　人人都說錢「足夠就好」，但什麼叫「夠」？退休前出於對未來的陌生未知，和受媒體信息影響，金錢焦慮感很重，一旦退下來，透過日常生活實踐，才真正理解「足夠」指的是什麼，心裡也變得較踏實。通常你問年輕人和銀髮族退休需要多少錢，答案差異很大，原因在此。

　　接受「足夠就好」觀念可以避免無謂焦慮，但不表示身為上班族的你可以鬆一口氣，退休後的日常花費確實比在職場時低，但別忘了你會活很久，有句話說「人生最遺憾的是走的時候，錢花不完；人生最悲慘的是錢花完了，人還沒走」，要避免悲慘晚年就必須儘早開始準備。

　　所謂財務自由定義很簡單：「被動收入大於或等於日常開銷」，要做到，降低開銷自然大有幫助。好消息是，科技發達的結果，許多過去有錢人才負擔得起的物品或服務，現在平價許多，因此，現今簡樸生活的主要挑戰不在貧苦度日，而在「由奢入儉難」的心理層面。

　　舉個例子，年輕人剛入社會出行大都搭大眾交通工具，稍有

積蓄後買台摩托車代步，隨收入增加換成汽車，接著再從二手換新車，國產換進口等，這是多數人人生上半場的交通工具演變。退休以後呢？這時分叉出現了，有人開名車，有人卻回歸到搭乘大眾交通工具。

類似演變適用於食衣住行娛樂等生活不同層面，如何選擇無關對錯好壞，只要負擔得起，用精美物品犒賞工作辛勞沒什麼不對，只是對願意由奢入儉的人來說，要達到財務自由門檻自然容易許多。

選擇習慣消費方式沒問題，但被外界眼光牽著鼻子走就不值得鼓勵了，有些人生活省吃儉用，碰上買名牌物品，請客吃飯，或出國觀光等時機，花錢卻大手大腳，和平日形成強烈對比，原因是他們考量的經常不是實際需要，而是受消費主義影響，或面子作祟的結果。

東方人對金錢焦慮感很重，退休規劃除了考量日常生活所需，還要做老年醫療照護，留遺產給子孫等準備，西方社會則因社會福利制度較完善，生命價值觀不同等，較沒有留棺材本的觀念，如此差別自然造成財務目標設定上的差距。

許多西方人認為個人財務管理最高境界是「破產上天堂」，也就是離開世界那天花掉口袋中最後一塊錢，這個觀念的重點不在「金錢」，而在「生活」，因為賺錢需要耗費時間精力，也就是以犧牲生活品質為代價，要用最小代價換取最大效益，就必須

求得生活與工作間最佳平衡。

過去兩年Covid-19影響世人生活和工作形態，有些人因而延長工作時間，甚至延後退休年齡，但同時，媒體報導有愈來愈多歐洲人，感念人生短暫，反而減少工作時間，犧牲部分收入，以延長和家人朋友相處時間，和從事有興趣的事務，正是「破產上天堂」觀念作用的結果。

以上三個金錢觀對退休財務管理至關重要，當年我離開職場時，生活四周有一些比我更有條件提早退休的同齡人，但我退了，他們沒有，關鍵就在金錢觀不同，亞洲社會金錢至上是主流，有錢賺不賺有違常理，即使說服得了自己，還得額外花力氣克服外界壓力。

之前提到《Your Money Or Your Life》一書，前幾年再版名為《跟錢好好相處》，作者後來被全球FIRE族奉為開山鼻祖，就像十多年前的我一樣，他當年也沒聽過FIRE這個名詞，但我們都知道一件事：**要想財務自由，建立正確金錢觀的威力比中樂透還大！**

第**3**堂課

理財規劃

你不理財，財不理你，投資理財是一生的功課。

記帳

「金錢通常成本過高。」──愛默生，作家

這堂課我們就談談如何投資理財，為早日退休做準備吧！

錢財是很有意思的東西，你愈是追求，它就愈跑給你追，你要是停下腳步，它也絕不會主動靠過來，這就是所謂的「你不理財，財不理你」。說到理財，許多人腦海中可能馬上出現：新興市場、融資融券、對沖基金，甚至是惡名昭彰的連動債等等專業術語，但是你知道最基本、最重要的理財手段是什麼嗎？記帳！是的，就是你我在踏入社會時曾經嘗試，卻很快就嫌麻煩而放棄的記帳。

記帳的功用眾人皆知，但對於退休準備有其特殊意義。一般人無法勇敢做出抉擇，最擔憂的就是怕退休後錢不夠用。但話說回來，如果不知道生活需要多少錢，又如何斷定錢夠不夠用？

要知道箇中道理就必須先明白兩件事：第一、退休要過什麼樣的生活？這個部分我在後面的章節會詳加探討；第二、過這樣的生活需要多少錢？要回答這個問題就要記帳。若是你說：「不用麻煩了，我從經驗中大致有個概念。」但一旦開始記帳，你會

大吃一驚，自己對帳務了解的貧乏。就算真能抓個八九不離十，記帳也會讓你發現，原來還有許多可以改善的空間。

我退休前半年開始記帳，把每一筆開銷鉅細靡遺、依據用途記錄下來。以前認為這是繁雜的工作，但一旦開始記帳後即使經歷初期的費力，然而堅持下去就養成隨手記帳的習慣。養成的關鍵之一是不拖延，每天至少記一次；其二是要長期堅持，許多記帳的好處只有長期追蹤才能顯現；最後是適當的細分「用途」，要細緻到能清晰掌握消費流向，又不至於太過繁瑣造成無謂負擔。

做法是準備一本筆記本放在家中固定位置，盡量把每一筆開銷在第一時間寫下來，如果不行，最起碼每天就寢前把這一天做個了結。旅行在外省麻煩就當成一整筆開銷處理，記帳不是寫文章，重點是花最少時間提供最多信息。每個月的最後一天是結帳日，把筆記本中的記錄一一登入電腦，只需要在相對應用途格內鍵入數字，如果這筆開銷較特別，可以在格內加注解，電子表格涵蓋十二個月的資料，除了自動加總外，還可以預先設定計算月平均數的公式。

用途的分門別類因為每人生活狀況不同，需要做相應調整。以我為例，所有費用分成：

（一）和房屋相關的費用，之下細分成水電、管理費等項目。

（二）家用，細分成食物、家庭用品和雜支。

（三）個人開銷，包含衣物、餐廳、旅行。

（四）交通費用。

（五）健康醫療費用。

（六）預算外開銷，譬如：搬家、換車、做牙齒等非常態費用。

這些是經過一段時間調整出適合個人狀況的分類，有些費用，例如保險、稅費、換電腦、買球具，金額雖大但久久才發生一次，單看一兩個月不準確，必須長期記錄才能提供完整的金錢流向。

記帳另一個用途是做預算。例如，結束一個年度後經過檢討實際花費，可以為下年度訂定目標，既富挑戰又有樂趣。做預算的最大好處是為平日生活做規劃，比方說，增加書籍的預算就要買更多書，買來就要花時間閱讀，減少衣物預算，無形中也減少逛商場的時間。長期追蹤和分析消費模式能夠對生活形態，甚至是否要換房子等大事，提供很有用的參考。

除了記錄支出外，還要記錄收入和資產。或許你自認對收入狀況瞭若指掌，事實是，收入的形式很可能比你想像的更複雜，薪資、房租、獎金、賣車賣房、退稅、投資收益、分紅、利息、禮金、中彩券等等，只有確實記錄收和支的細節，才能真正做到收支平衡。

資產表用來記載各項資產現況，包括：銀行存款餘額、股票基金現值、匯率變動，透過分析每個月資產變動原因和跟蹤長期趨勢，能了解總體財務健康情形，而不至於一有狀況就手忙腳亂的亂買亂賣。

聽起來很複雜嗎？設計這三份分別顯示消費、收入和資產的表格，的確需要運用一些基本財務觀念，但更多的只是常識，重點是動手去做，邊做邊調整適合自己的方法。

你或許會說：「擁有的資產不多，複雜性也不高，而且既然金錢只是工具，就不應該為此過於傷神才對。」說得好，正因為如此更要記帳，如果你期望儘快達到某個財務目標，或不希望成天為財務狀況擔憂，或不被必定發生的通貨膨脹和偶然一遇的金融風暴打擾生活，你都需要記帳。

許多人正在為該買或該賣什麼投資標的，而煩惱得睡不著覺，這些的確是很重要的抉擇，但與其讓自己陷入無休止的金錢遊戲，或許眼前真正的當務之急是養成記帳習慣，為財務管理預先打下進可攻退可守的堅實基礎。

事實是，即使達成足以讓自己退休的財務目標後還得記帳。我每個月花在更新這三份表格的時間總和不超過兩個小時，卻能讓其他時間幾乎不用再煩惱和金錢相關的事情，也因此能夠更加專注在生活中真正值得專注的事物。

巴比倫富翁

「金錢只是工具，它可以帶你到任何地方，但不能取代你掌握方向盤。」——蘭德，作家

或許，我是最沒有資格談如何投資理財的人。

四十歲以前，除了銀行定存外，所有的理財幾乎可以用全軍覆沒來形容。台股在八〇年代大漲時我不懂股票（現在還是不懂），但受到周遭瘋狂氛圍的激勵，參加了所謂的股友社，幾個月後「老師」跑路，落個血本無歸。隔兩年，又受到親友的真情感召，參加了鴻源集團集資活動，歌舞昇平一年後集團倒了，我則成了求償無門的債權人。

從出社會，我就一直與父母同住，三十多歲為了給未來丈母娘一個交代，便在台北近郊的汐止買了一個低總價的預售屋，兩年後，還沒交屋就碰上林肯大郡倒塌事件，汐止房價大滑坡，恰好又碰上工作職務外調海外，乾脆把那沒緣分的房子斷尾脫手。

幾年後返回台灣，錢是存了一些，但台北房價也沒閒著，於是決定租房住，儲蓄則是投資當時最風光的高科技產業基金，但不出一年，網路泡沫破滅、投資腰斬，再過一年，九一一事件發

生，剩下的投資再腰斬一次。

經歷這些事，我早已經沒了脾氣，同事把我當成投資風向標的，常來問我的意見，我說買什麼，他們就買別的。

這些失敗的經驗後來成了我重要的人生資產，從其中學到的教訓加上閱讀相關書籍，讓我對投資理財有了全新理解。首先，我搞明白理財不是一個可有可無的選項，將所有積蓄投入風險不明的標的固然愚蠢，死抱著辛苦賺來的錢不做任何投資，也絕不更加高明。你不理財，財不理你，無論財富多少，無論退休與否都要理財，既然金錢是幫助我們完成人生目標不可或缺的工具，理財就是一生必修的功課，愈早開始愈好。

巴菲特說，他很後悔十一歲開始炒股票，因為太晚了。如果你已經過了十一歲還沒開始理財，也別著急，晚開始總比不開始好。

其次，我弄清楚理財不是賭博，輸贏憑恃的不是一翻兩瞪眼的運氣，而是一點也不刺激、不好玩的紀律和耐心。你若問：「既然有風險，那就當然有賭博的成分。」就算是吧！有經驗的玩家會想辦法盡量擴大自己獲勝的機率，而且懂得認賠和守成的道理，普通賭徒則聽天由命，即使偶爾贏錢，也很快的再輸回去。而且，因為不懂得管理風險，平常膽小如鼠，但一旦自認逮到好機會，又變得膽大妄為，最後平白讓財富從身邊溜走。

在所有讀過的理財書中，我認為最有用的一本書是《巴比倫

富翁》（The Richest Man In Babylon）。此書在一九二〇年代出版的時候，許多現代金融工具都還沒有發明，當今媒體有關投資理財的報導鋪天蓋地，專業術語之花俏、複雜程度，讓一般投資者既摸不著頭緒又焦慮異常，但真要說到理財最核心的原理、規律，卻怎麼也跳脫不了近一世紀前出版的《巴比倫富翁》這本薄薄小書。

書中教導人們累積財富的第一步是儲蓄。老生常談嗎？的確，但也是千古不變的道理。現代社會多的是月光族、卡債族，表面上的原因是收入太低、物價太高，事實是，人們的「必要消費」經常隨著收入增加而增加，也因此永遠「剩」不了錢。

如果換個方法，每個月領了薪水在付給商店、餐廳，甚至政府之前，預留至少一成留給自己，這樣就不用擔心剩不了錢了。而且奇妙的是，到頭來錢總是勉強夠用。更好的做法是把它「自動化」，利用古代巴比倫人所沒有的銀行自動扣款等現代科技，實現儲蓄的目的。

儲蓄當然不是理財的全部，但千萬不要小看它的重要性或嫌存錢太慢。錢會生錢的道理許多人都懂，但有人達成財務目標，有人失敗，差別就在有人急功近利，有人耐心紀律。百分之百沒有風險的理財並不存在，面對風險，心生恐懼是人之常情，想清楚最壞後果後就必須勇敢面對。

若你說：「自己膽子小而且野心不大，努力工作賺錢、存錢

就好，可不可以不投資理財？」我要再次提醒：要實現人生目標，不理財是辦不到的。很抱歉，請勇敢面對現實！

好吧！有了儲蓄、有了勇氣，該投資什麼？如果你問：「銀行理專建議買某個產品，但專業人士的技能或操守都不見得值得信賴，怎麼辦？」還是相信有這方面經驗的長輩或朋友，起碼他們不會騙你！

但別忘了，我之前慘痛的投資教訓全都是聽信有經驗的親友，也是犯了巴比倫富翁中的幾大禁忌：不夠謹慎，聽信非專業和投機取巧。以前看過一個銀行的電視廣告，描述一位過來人責備朋友不聽他勸告買某項理財產品，因而錯失賺錢良機，這個廣告傳遞出的理財教育信息錯得離譜。

貪婪與恐懼

「我從不妄想立刻從股票市場賺錢，我總是假設買完股票後市場將休市五年。」——巴菲特，投資大師

那究竟該聽誰的？答案是聽自己的！不是摀著耳朵不聽別人，也不是關起門修練獨門武林祕笈，除非你是巴菲特，否則就得聽別人的意見，其實就連巴菲特都得聽他投資團隊的建議，何況是我們？

投資是專業的事情，必須廣納專業人士的看法，而自己也得做足功課對各種產品、特性有相當程度的認識，才能在眾多信息中做出判斷、選擇。你若問：「不是金融專家為什麼要聽自己的？」我就會反問你，全天下還有另一個人比自己更清楚人生目標嗎？既然金錢的功用是幫助實現人生目標，又有誰比自己更清楚該選擇什麼樣的投資組合，最能發揮功效？

不管你選擇的投資標的是什麼金融產品（包含定存在內），它們都是市場的產物，有市場就有漲跌，大部分投資者追求的正是漲跌效果的最大化。而驅使人們在特定時間買賣特定產品的心理動機，不外乎兩個：貪婪和恐懼。

巴菲特說得好：「你要在所有人貪婪時恐懼，所有人恐懼時貪婪。」這麼說起來好像賺錢挺容易的，做起來恐怕連神仙都做不到。原因很簡單，因為我們都是「所有人」之一。於是你會再說：「好吧！別管別人，只做好自己的功課，不投機取巧、相信專業，正經八百的投資理財總可以吧！」

可以！就讓我們用最有代表性的股票當例子（其他金融產品原理大同小異），統計全世界的股票市場，從開市以來無一例外全都是上漲，而且計算年平均漲幅都高於平均定存利率，大部分還高很多。那為什麼定存不會賠錢，投資股票卻半數以上賠錢？

原因很弔詭。不是因為風險大，也不是因為技術差，而是投資者的心理。怎麼說？一般人對輸錢和贏錢的反應大不相同。打個比方，你賭過錢嗎？如果讓你贏一個月薪水或輸一個月薪水的感覺如何？你說：「贏了高興，輸了難過啊！」好，那請問你多高興又多難過呢？

我賭過錢所以很清楚，贏了短暫興奮後就開始為沒有贏更多而感到遺憾，輸了呢？沮喪、懊悔、氣憤、慚愧，不一而足，而且總要維持一段時間。你有過類似經驗嗎？事實上，這是有科學根據的。心理學家透過複雜的計量法，計算出人贏錢時高興的程度只有輸錢時沮喪程度的一半。這說明了什麼？說明了我們在投資股票時的兩股心理力量：貪婪和恐懼，其實是不對稱的。一般人在市場下跌時受制於恐懼而賣股票，只有在上漲到一個階段時

才出於貪婪而買股票，也就是所謂的「追漲殺跌」。想贏錢真的很難。

真的那麼難賺嗎？事實上，所有的統計數字都證明，投資股票是累積財富最有效的手段之一，只要有足夠的耐心和紀律，買賣股票想不賺錢才是真的難。

這麼容易賺，利潤從哪來？從兩個地方來：第一是企業盈利，企業不盈利就不會長期存在於市場，遲早會盈利的企業遲早得用某種方式回饋股東；第二是有耐心的股東賺沒耐心股東的錢，換一種說法就是，追漲殺跌的股東把錢交給長期持有的股東。你若又說：「大家都懂這個道理，就沒人追漲殺跌，也就沒錢賺啦！」放心吧，人性一百年前是這樣，一百年後還是那樣。

不只是投資股票，耐心和紀律是所有投資理財的不二法門。市場瞬息萬變，沒有絕對的事情，除了一件例外，那就是時間。所謂時間就是金錢，在投資理財的領域可真是至理名言。

錢滾錢最可靠的方法就是複利效果。有個很有名的故事是，白人在十七世紀用二十四美元從印第安人手中買下紐約曼哈頓，看來吃了大虧的印第安人如果懂得投資，二十四美元於今已經滾利超過一百兆美元，這就是複利的驚人功效。所以你問什麼樣的人最能從投資理財中獲利，答案是年輕人，而且幾乎毫無風險可言。

儘早擁有自住房產

> 「智慧的重要性超越任何財富。」——索福克勒斯，作家

　　巴比倫富翁教導人們要儘快購買房產。其實，如果純粹從投資生財的角度來看，恐怕有不少理財專家會持不一樣的看法。作為投資標的，房地產的效用隨時空環境不同而有很大差異，即使過去幾十年成績很好，也並不代表往後幾十年會同樣亮麗。

　　但我個人同意《巴比倫富翁》書中的講法，那就是：擁有房子。一個令自己引以為傲，並甘心付出努力的地方；會讓自己更有自信，更加努力。因為付出是有回報的，而且，這樣累積財富會更快速；除此之外，貸款買房也是一種強迫儲蓄的有效手段。

　　基於同樣道理，我的建議是盡可能在最早時間購買自住房產。特別強調自住是因為這樣才能讓自己立於一個進可攻、退可守的不敗之地。市場上揚可以賣房、換房或出租，市場下跌就當作沒這回事就好，如果買的是純粹的投資房就沒有這種彈性了。雖然我自己後來從賣房和收租中有所獲利，但運氣成分居多，因為我買所有房產的出發點都是為了自住，只是一旦擁有，選擇的空間就變大了。

擁有自住房產這件事之於退休有很重大的意義，因為退休後收入大幅下降，要做到入可敷出就必須減少支出，在食衣住行各項生活必要開銷中，住是最花錢，也最能夠影響生活品質的項目，必須事前做好充足準備。這不表示一定要住多大多好，但起碼不該讓居住成為負擔。

退休理財還有一個必要的前提，就是零負債。也就是說，即使擁有自住房產，卻還在還貸款的話，抱歉，起碼在財務上，你還沒準備好退休。

說說我自己買賣房產的經驗吧。兵敗汐止後我因為大多時間在海外工作，沒有立即買房需要就一直拖著，這期間家鄉台北的房價持續上揚，等到我負擔得起台北房價時，卻因為曾經在澳洲和北京的生活經歷，自認眼界已開，有一種世界之大何處不能容身的感覺，那時開玩笑說：如果一戶台北普通公寓的價格能買半個雪梨歌劇院的話，我可不認為非在台北置產不可。

果然，人生擁有的第一戶房產是在四十一歲時跑到澳洲黃金海岸渡假，一時頭殼壞去所買下的濱海渡假小屋。買這間房是因為愛海，買後才發現愛海和買房其實是兩碼事，而且養房很花錢。幾年後賣掉卻因為澳幣升值讓我賺了一筆錢，很諷刺，處心積慮的投資理財屢戰屢敗，人生第一次投資賺錢居然是無心插柳的結果！

後來工作再次外調北京，碰上中國大陸剛興起不久的房地產

熱，基於對當地社經狀況的了解和不到台北一半的房價，我把澳
洲房產賣了，在北京居住前後買了兩戶房產，其中之一後來長期
出租，租金是我退休後經濟主要收入來源之一。另外一戶退休後
自住，後來賣掉回台在高雄買了現在的居所。常有人以為我之所
以能提早退休和賣房獲利有關，其實賣房是退休四年後的事，和
規劃退休沒有關係。

　　講這些事的用意不是想說明買賣房產純粹是運氣，只是再次
確定一個道理：投資理財不是一個可有可無的選項，沒有嘗試就
一定沒有成功的機會。

　　我四周有些朋友對房地產投資很有興趣，看了許多房，做了
很多功課，卻始終因為沒有遇上完全符合期望的房產而沒有下
手。姑且不談因為房價升高而遭受一次次踏空的損失（因而一再
延遲退休時間表），在我看來，更大的損失在於錯過一次次精采
生活的機會。這世上沒有完美的房產，即使眼前看似完美，一段
時間後隨需求改變也會變得不完美，賠錢還可以再賺，但時間一
去不復返。

分散風險，複利效果

「這年頭相信幽浮的人，比相信政府會照顧你的退休金的
人還多。」——庫克，企業家

　　再讓我們回到退休需要多少錢，以及該如何實踐這個題目上
來。前面說過，需要多少錢因人而異，取決於個人的生活形態。
假設你已經對退休後的生活有相當程度的憧憬，而且透過記帳對
需要多少錢有個大致的概念，那麼，需要擁有多少資產才能放心
大膽的做出改變呢？

　　在講數字前有三個前提：

　　（一）**要有足夠的醫療和人壽保險。**就算你的財富足夠負擔
眼前生活，但「老本」不可不留。台灣的健康保險環境算是相當
不錯，在這基礎上，你要按需求補足缺口，但也不必把需求訂得
太高，生活的目的不是為長命百歲，而是在沒有後顧之憂狀況
下，把每一天過好、過充實。保險和理財一樣（也可說，保險是
理財的一部分），愈早開始負擔就愈輕，成效也愈好。

　　（二）**你必須沒有負債。**我在領到退休金後做的第一件事就
是把房貸還清，不要去想一大堆財務槓桿，以債生財之類的東

西。記住！退休的目的是過想過的生活，無債才能一身輕，也才能專注在真正值得專注的事物上。

（三）**擁有自住的房產。**前面已經提過，至於如何挑選居住地是另一件攸關是否能夠退休，以及退休後生活品質的大事，在後面章節將深入探討。

有了這三個前提，就讓我們來算一筆帳吧。舉個例子，假設你算出退休後每個月得花五萬元，那麼我認為，你需要大約價值一千萬元能為你生財的資產。

什麼叫做能生財的資產？自住房不算，因為不能生財，能生財的是股票、基金、定存、出租房等等。為什麼是一千萬元？因為我算的是六％的年回報率，提供一年六十萬元，也就是一個月五萬元的收入，生活花費外還需要存下部分轉投資，以應付通貨膨脹。同理可證，如果你每月需要十萬元過活，那就需要兩千萬元能為你生財的資產。

六％年回報率怎麼算出的？從經驗來看，市場上有各式各樣投資工具，如果不求貪不求短利，穩穩當當拿平均五％至一〇％年回報率不是難事，連我這種理財門外漢都可以做到。憑藉的是兩樣東西：分散風險和複利效果。你說：「別說笑了，現在利率那麼低，大小金融風暴不斷，怎能保障回報？」如果只談一年的確不敢保證，時間拉長問題就變小了。

如果你納悶：「為什麼還有那麼多人投資賠本，其中不乏專

業人士？」這就是祕訣了！一般人投資求的不是發家致富就是短期高效，投機性高，但我求的是長期穩健的經濟發展和時間紅利，決策方法當然不同。

年頭不好，別人大賠我小賠或不賠，年頭好時，別人大賺，我小賺，重點是別人賺了還會賠掉，我賺的當成生活費花掉。事實是退休六年，不算賣屋獲利，我的總資產比退休前還有小幅上升，別忘了，這期間還經歷過好幾次大小金融風暴。

若你還有疑問：「如何分散風險和求得複利效果？」問我不如問你的理財專員吧！這些都是一般常識，投資標的盡量按行業、貨幣、風險度分散，長期加碼定時、定額基金，如此而已。

此外，我絕不參加金錢遊戲，不做短期隨機性的投資，不打聽小道消息，不跟隨市場起舞，唯一不放過的是複利效果，也就是時間紅利。它就在那裡，不拿是傻瓜，要拿就要有耐心和紀律。沒騙你吧，理財不但一點都不刺激好玩，其實是件挺枯燥乏味的的事情！

快樂能創造財富

> 「年輕時我以為金錢很重要，現在老了我確定金錢很重要。」——王爾德，作家

　　退休金最大的敵人就是通貨膨脹，如果平均每年百分之四，二十年後同樣金額能買到的東西連現在一半都不到，何況退休後可能活個四、五十年。所以退休後更要理財，好消息是，歷史證明複利的神奇效果能夠輕易擊敗通膨。

　　我的理財內容不複雜，房屋租金加上定存利息和基金投資。錢財之外，更大的保障還在自身，讓自己保有工作賺錢的能力以備不時之需，只要還年輕，並不是一件很困難的事。健康的身體，簡單的生活方式，靈活的地點適應性，才是免於憂慮的最大憑恃。

　　有一個調查報告指出，西方人開始認真做退休準備的平均年齡是三十三歲。當然國情不同，社會制度和文化差異，都讓大部分亞洲人在三十多歲的時候還覺得，退休是件離自己極遙遠的事。但有一點是可以確定的，準備愈充分愈可能成功，任何事都一樣，理財和保險要盡早開始，思考自己的人生目標，養成健康

習慣，培養興趣嗜好難道不也是一樣嗎？

　　準備的目的是降低風險，不是消滅風險，適當的風險不但可以被接受，事實上它的存在讓人生不致於沉悶無趣。我不建議你非得在理財這門課得高分才考慮退休，錢愈多當然保障愈大，但必須付出愈多時間和生活作為交換。必須要做的事是設定「足夠」的目標，並且透過有紀律的理財達成。達成財務目標也不代表就此無憂無慮活到一百歲，而是讓我們能夠放心大膽致力於最想做的事情，即使遇到不順，也還保有應變能力。

　　另外一個調查結果顯示，愈早退休的人愈不缺錢（當然排除那些有富爸爸的人），反倒是愈擔心錢不夠用而盡量延後退休的人，經常處在財務焦慮當中。

　　對這個結果我一點也不驚訝，原因是：早退休表面看來失去眼前的固定收入，但賺到的是自由的時間運用和充實的生活體驗。只要不是真的就此一休到底，而是在摸索行走上實現自我的道路，經常都能在無心插柳情況下創造財富。

　　即使不行，一個精力充沛、敢於承擔風險的人也比一個瞻前顧後，不願嘗試新鮮事物的人更能面對挑戰。有句話是這麼說的：「財富不見得能創造快樂，快樂卻能創造財富！」

　　記得有一次和以前同事聚會，有人問我退休後財務管理的問題，我脫口說了一句：「我不缺錢」，沒想到造成大夥的一陣錯愕，以及接著而來的恭維和起哄。事後回想，我才領悟到金錢觀

對生活帶來的重大影響，以前我也很難想像「不缺錢」是什麼概念，敢講出這種話的人必定是暴發戶型的大老粗。現在呢？

　　我的財既不大，氣也不粗，只是平平淡淡的陳述一件簡單的事實而已，神奇的是，這樣的改變讓我比大多數人擁有更多的時間和自由！

課後自省

- 知道自己平時生活需要花多少錢嗎？
- 很清楚金錢的流向嗎？
- 知道自己擁有多少資產嗎？這些資產能生財嗎？
- 有規律儲蓄的習慣嗎？
- 如何運用存下來的錢？
- 有令自己滿意的投資組合和理財策略嗎？
- 投資決策是如何形成的？
- 投資股票會追漲殺跌嗎？
- 有足夠的醫療和人壽保險嗎？
- 遇上金融風暴，能從容應付還是手忙腳亂？
- 打算存多少錢才退休？為什麼不是更多或更少？

十年後

安穩理財　放心生活

太多人花辛苦賺來的錢，買不需要的東西，向不喜歡的人炫耀。——羅傑斯，演員

　　這堂課可能是許多讀者最感興趣的一門，但如果你期望從中學到投資理財獨門撇步，恐怕會失望，因為這不是一本專門探討理財方法的書，我也不是一個投資理財專家，對金融市場了解有限，更別說近年很夯的虛擬貨幣、元宇宙、NFT等，基本一竅不通。

　　我懂的是生活，以及為過好生活而必須做的財務管理，退休至今十六年，期間經歷過數次大小金融風暴，但從沒為錢煩惱過，憑藉的不是龐大積蓄，或投資眼光，更不是運氣，而是上堂課提到的金錢觀，以及投資理財的紀律性。

　　之前文章中說如果月支出五萬元，需要約一千萬積蓄（月支出十萬則需二千萬積蓄），這個說法的前提是平均六%年化回報率，因為1000x6%=60，除以十二正是每月所需的五萬。這是我在退休前採行的假設理論，那麼，過去十六年實際發生狀況如何？來到今日，是否需要調整修正？

　　首先，六%回報率在雷曼兄弟事件之前完全不是問題，當時我將多數積蓄放澳幣和人民幣長年期定存（我曾居住在此兩地），利率接近六%，基本無風險，再把小部分放在風險不高，且固定配息的基金產品上，日常生活費有了，總體回報更輕易超過目標。

　　2008金融風暴後風雲變色，各國大印鈔票，利率大幅下跌，投資理財的風險也隨之增高，我於是在定存陸續到期後，將一部分續存（利率接近四%），另部分則轉到債券型基金，類全委保單等金融產品，產品特性雖不同，考量點不變，仍舊是長期，分散，低風險。

　　我也將目標報酬率從六%調低為五%，也就是說，如果每月花費維持在五萬元，理財金額就需要增加到一千二百萬，甚至更高一些，原因是之前假設中沒有完全考量到通貨膨脹。如果沒辦法增加投資金額，就必須調低生活花費，才能求得長期財務平衡。

　　結果呢？過去十六年中，包括出事的2008在內，約有五至六

年無法達到預期，其他則達到或超過，平均下來剛好五％左右。我知道這個數字在投資達人眼裡可能遠不及格，卻造就我過去十幾年未曾為金錢煩惱過一天的退休生活，如果可以重來，我還是會做同樣的事。

有意思的是，那個年代還沒有FIRE這個名詞，但當我兩年前首次聽說這個發源自美國的運動時，我發現它的理論和做法和我當年非常接近。

FIRE的財務獨立理論是：「存夠年花費二十五倍，放入金融市場，獲取五％年化報酬，其中四％當生活費，其餘用來應付通貨膨脹和生活急需。」如果仍以之前每月五萬花費為例，一年需要六十萬，存夠一千五百萬（60x25）就算達到FIRE財務門檻，同理，如一個月要花十萬，門檻就是三千萬。

這個理論有幾個重點，「25」不是魔術數字，它是由「四％」反推回來求得的，四％則是專家經由對美國金融市場長期分析的結果，數據顯示，只要長期投資，不管處在歷史任何階段，達成或超過四％年回報的機率接近百分之百，也就是說，只要照此方法存錢投資，即使活到200歲，還是有錢可用。

我當年不知道有這個「四％法則」，但如前所述，在準備退休金的想法和做法上卻幾乎和FIRE完全一致，不是巧合，而是上班族要財務自由，提早退休，基本上這是唯一方法，只是後人提出數據做依據，並取一個響亮名稱，才變得廣為人知而已。

　　FIRE依據的是經驗法則，既然是經驗就不可能萬無一失，各人還是要以自身狀況和條件做調整，至於投資標的則是另一個值得探討的課題。

　　FIRE理論以美國債券市場為依據，算是相當保守，我退休前幾年投資以定存為主，更保守，後來逐漸轉移到債券型金融產品，風險稍高但還可接受。這幾年流行用ETF作退休理財工具，也沒問題，重點是一旦選定就不要三心二意，市場上永遠有新投資題材，追不完也不該追。

　　總之，上班族靠努力工作攢下一筆錢，退休後放入金融市場，賺取經濟成長和時間紅利，換來的所得合情合理，花起來心安理得，任何超出這個範疇的獲利都不是我等能賺或該賺的錢，記住，**你的目的是退休後有「足夠」生活費，不是賺「很多」錢**。

　　只要始終保持這樣的心態和做法，你會發現這個令許多人吃不下飯、睡不著覺的課題，其實真的沒有那麼困難和複雜！

第**4**堂課

自發性簡樸

為環保盡心力，不只是節省金錢，更是對被功利牽著鼻子走的日子說「不」！

過度工作與過度消費

「沒有節儉就沒有富人，有了節儉，很少有窮人。」
——強森，作家

巴比倫富翁教人致富要做的第一件事是儲蓄，第二件事是克制欲望、節省開銷。這一堂課就讓我們來談談這個吧。不是為理財，或應該說不只是為理財，更為加強你對退休的渴望（第一堂課），降低退休的門檻以及為退休後的生活品質打下堅實基礎。

我們所處的社會是祖先們完全無法想像的社會，不只是因為科技發達，經濟活動頻繁帶來的便利繁榮他們無法想像，隨之而來帶給人們的煩惱焦慮，恐怕才是最讓祖先們匪夷所思的地方。試想站在祖先的角度看現代人的生活，你覺得他們會羨慕、嫉妒的大嘆生不逢時，還是丈二金剛摸不著頭腦的說：「好好一個人，幹嘛把自己搞到如此不堪的境界？」我認為是後者。

自從有相關研究調查以來，人類的生活幸福指數就一路下滑。同時，人類花在消費上的金錢和花在工作上的時間卻是不斷的增加，幸福感、消費、工作，這三者之間有關係嗎？當然有，關係大了！但這裡面還缺少一些關鍵因素，那就是生活中除了工

作外的其他面向。

　　所有研究社會、心理、經濟的專家都會告訴你，人要把日子過好就要求得在工作、家庭、健康、興趣、朋友、休閒、心靈成長、社區、情感等等面向之間的平衡，缺少任何一樣都會製造大量的煩惱和焦慮。

　　現代人不知道吃錯了什麼藥，明明比祖先們在求取幸福上有太多的好條件卻背道而馳，如果因為不明就裡、隨波逐流而造成不幸福，那叫無知；如果明知該做什麼卻寧願唉聲嘆氣、無所作為，那就只能叫活該了。

　　無可否認，現今社會的確有一群弱勢，因為先天因素或教育不足在生存線上掙扎，但多數人工作賺錢早已超過只為求得溫飽，這其中許多人因為生活不平衡造成不快樂，甚至千瘡百孔，所採取的解決方法是什麼？更加努力工作賺錢！這不是吃錯藥是什麼？

　　人們有一種錯覺，誤以為幸福快樂的生活必須是物質充裕的生活，必須是競爭優勢的生活，必須是眾人服侍的生活，必須是被別人看得起的生活。尤其被別人看得起這玩意，不知害死多少人。你今天透過努力工作被這群人看得起，明天就必須加倍努力工作才能被另外一群人看得起。每次看到連續劇中主角一把鼻涕一把眼淚，握緊拳頭信誓旦旦要努力被別人看得起，我就轉台。

　　為了求得物質充裕就要不停消費，為了維持不停消費就要不

停工作，茱麗葉・修爾（Juliet B. Schor），在她所著的《消費過度的美國人》（The Overspent American）中透過多個研究，深入剖析在美國長期盛行的過度消費行為，並且鼓勵大家徹底改變原有的消費習慣。我們可以輕易的把這本書的書名改為過度消費的歐洲人、日本人、台灣人等等，而內容依然言之有理。她後來又寫了另一本書叫《工作過度的美國人》（The Overworked American），把消費和工作之間的關係（惡性循環）做了清楚、有力的陳述。

　　人們花許多時間工作，除了為賺錢消費外，也因為工作被認定為生活中最正當和值得的事情。我們四周有許多人經常抱怨工作太忙太累，你說：「那是抱怨啊，又不是喜歡做那麼多工作！」沒錯，但既然這麼痛苦，有誰真的採取行動改變現狀？這樣的唉聲嘆氣是不是被眾人（包括自己）解讀為負責任的表現？甚至有些抱怨怎麼聽起來更像是在炫耀自己的重要性？人們花那麼多時間工作，但有多少是不得不為，又有多少是潛意識中的「有為者亦若是」？

同儕壓力

「文明就是無止境的製造消費者並不真正需要的必需品。」──馬克吐溫，作家

　　過度消費和過度工作是許多人的煩惱和痛苦根源，浪費寶貴的時間，也是阻止人們跨過退休門檻的絆腳石。除非你能克制消費，否則退休後的收入很可能無法支持你的生活。

　　我們在前面的章節談過，造成過度消費的原因之一是消費主義，也就是藉由鋪天蓋地的廣告，在人們心中擴大、創造新的需求，目的是誘使人們購買各種必需和不必需的物品和服務。另外一個在潛意識中威脅、利誘我們不斷消費的根源是，心理學家所稱的同儕壓力，用更通俗的講法就是「輸人不輸陣」，別人有的我也要有，才不會被別人看不起！

　　舉個例子，學校畢業後幾年老同學打電話來邀約出遊，死黨們都要去，但行程頗昂貴，而你這時又處在經濟吃緊的狀況，你會怎麼做？（一）不管這麼多，借錢也要赴會，免得被同學看低；還是（二），編個理由，推掉了事；或是（三），不卑不亢，老老實實的跟同學說明現況，並祝他們玩得愉快。

選（一）的人就不說了，大概很難擺脫庸碌窮忙的下場。我猜大部分人會選（二），保了面子也顧了裡子，這本是無可厚非的選擇，但長此以往保持這樣的生活態度，對於開創海闊天空的人生幫助不大。義無反顧選擇（三）的人，我向你致敬，也跟你說聲恭喜，你具備了邁向樂活人生的關鍵特質：忠於對己，誠以待人！

如果你說：「難道想盡辦法把小孩送到貴族學校，希望他不要輸在起跑線上，或工作有成，買部好車犒賞自己，看見眾人艷羨眼光就自我感覺良好，或節衣縮食買兩個名牌包，跟上姐妹淘的時尚腳步，都算是不誠實嗎？」從嚴格意義上講，是的，起碼是對自己的一種不誠實，因為這樣的行為並不是受內心深處實現自我的需求所驅動，更多的還是期望被別人看得起！

如果你是這樣的人也不用難過，這只不過是人性的一部分。亞蘭‧狄波頓（Alain de Botton）的《身分的焦慮》（Status Anxiety）中描述：人都是社會的動物，不能也不該離群索居，溫飽之外我們需要別人的尊重甚至崇拜。

無可否認的，別人對我們視而不見最傷自尊，人人賦予他人身分標籤的結果就是，人人都在為自己在別人眼中的身分定位不斷的奮鬥。但諷刺的是，一個人奮鬥的目標通常並不是由自己來訂定，而是由他希望模仿、跟隨的群體說了才算，那是因為人所追尋的，經常都不是某個絕對值的財富和地位，更多的是他人所

給予的肯定和尊重。

打個比方，工作加薪當然令人高興，但是團隊中被加薪最少的那個人，反而感到加薪是痛苦沮喪的事。同樣道理，社會整體財富的增加當然是好事，但生活其中的人卻因此要不斷的向更高目標發起挑戰，過程中還得期望幸運之神眷顧，因為獲得想要的身分是一回事，保持身分更是難上加難。一旦得以飛上枝頭成了鳳凰，卻發現枝頭上到處都是鳳凰，焦慮非但沒能減少，一不小心還會掉落地面。

同儕壓力也不全是壞事，最起碼能夠激發人們的才能和潛力。但就像許多其他事物一樣，太多或盲目的追求禍害無窮，其中最嚴重的就是阻止我們，把寶貴的時間、精力花在真正能創造快樂喜悅的事物。

不要以為退休後同儕壓力就會消失無蹤，既然是人之常情，既然還身為社會的一分子，同儕壓力就避免不了。狄波頓說的好：「理解這種壓力就像氣象預報和暴風雨間的關係，你無法阻止暴風雨的到來，卻可因理解而將損害降到低！」

LOHAS

「簡單是一種心理狀態。」——華格納，牧師

前幾年，國際間流行一個名詞「LOHAS」，全名是：Lifestyle Of Health And Sustainability。台灣翻譯為「樂活」，這個源始於美國的概念，創造了一群所謂的樂活族。原本的定義是：「一群在做消費決策時，會考慮到自己與家人健康和環境責任的人。」目前在美國就有大約三分之一的人口自稱是樂活族的一分子，他們的生活價值觀和健康、環保、生活態度有關。

以健康、環保為中心的樂活概念，後來漸漸和其他像是反速食的慢食運動相結合，涵蓋範圍變得更加寬廣，尤其是和簡樸生活這個理念匯流後，更是在全世界各個國家和族群之間落地生根。

樂活的訴求就在於人類（尤其是發達國家的人民），生活已經步入過於奢侈浪費的境界，隨著總人口數的快速增加，以及未開發國家的開發進程，地球很快就會不堪負荷，因此需要倡導人們過比以前更注重環境保護和簡單樸素的生活，救窮人、救地球，同時也救自己。

　　相當高瞻遠矚又時尚有勁的概念，但說老實話，像我這種凡夫俗子感受還是遙遠了一些，尤其是身處開發中或未開發國家的人，更有資格說，憑什麼還沒享受過一天富裕的日子，就要我現在開始過勒緊褲帶的生活？還有，這個概念跟你我所關心的退休問題，又有什麼關聯性？

　　有很深的關聯性！因為如果你不認識、接受，和起碼部分按照這種理念來規劃退休生活，退休這件事很可能就如同你原先所想像的遙不可及。反過來說，如果你認識、接受，而且心甘情願的過樂活生活，退休的可預見性，就會大幅增加。

　　有兩層原因：首先，比較顯而易見的，這樣的生活能幫你省錢，加快你累積退休資產的速度，降低你對退休資產準備的難度。此外，養成樂活生活習慣，有比理財更大的用處，它能讓你空出心思在真正值得關注的事物。換句話說，錢財是一回事，生活態度是另一回事，如果你只為了逃避眼前品質不佳的生活而節衣縮食、停止工作，卻沒有從根本上看穿消費主義和同儕壓力的本質，那麼退休生活必定充滿壓抑、悔恨，不如不退。

　　如果你問：「如何看穿？」我會回答：找到你喜歡做、會做，而且感覺有意義的事物。如果你認為樂活所強調的環保深具意義，很好！努力實踐；如果不是也沒關係，但還是得找到屬於自己的意義。

　　美國作家杜安‧艾爾金（Duane Elgin）在他的著作《簡樸》

（Voluntary Simplicity，中譯不知何故漏掉最關鍵的「自發」）中向世人介紹：簡樸不是吝嗇，也不表示放棄物質層面的生活，而是比以往更溫柔的欣賞生活，展現簡樸本身的美感。假若你說：「簡樸就簡樸，為什麼要自發性簡樸？」可貴的就在於「自發」這兩個字，它代表的是你即使口袋有錢，也不願花在只為「被別人看得起」的地方。

換句話說，在自發性簡樸的定義中，簡單不是靠拒絕複雜達到的，樸素也不是憑藉克制浮華完成的，而是靠生活中追求比複雜和浮華更重要、更值得關心的事物，以免再被消費主義或同儕壓力，這些既耗費精力又沒有任何實質意義的東西所困擾，而自自然然形成的。

保持簡單，笨蛋！

「大道至簡。」——老子，哲學家

　　退休理財規劃的一個關鍵目標是入可敷出，要做到這點，減少支出比增加收入容易得多。退休生活規劃的重點在減少雜物干擾，集中心思從事自己愛做的事，要做到這點，就要讓行事曆清清爽爽。這兩個重要目標有一個共同的前提：簡化生活！再強調一次，是自主自發，心甘情願的簡化。如果覺得做這些事只是一時的克制壓抑，那就意味著你還沒有準備好。

　　你若是說：「我準備好了，但不確定該從哪裡下手，或不知道還有哪些可能被忽略了。」不用擔心，坊間有一些記錄過來人經驗的書籍，可以買來做參考。有一句西方諺語：「保持簡單，笨蛋！」（Keep It Simple, Stupid!，有人把它稱作 K I S S 理論）。罵得好，笨蛋最喜歡自作聰明的把事情想得很複雜，其實世間最真最善最美的事情哪件不是簡單的事情？如果下次為了某件複雜的事物傷腦筋，就罵自己一句笨蛋，然後回歸事物的本質。

　　愛琳・詹姆絲（Elaine St. James）寫的《生活簡單就是享受》（Simplify Your Life）是這類書籍中，我認為實用性最高的一本。

作者是位商場女強人，有一天突然被自己記錄得密密麻麻的行事曆嚇到，在取得家人的支持下，花了三年時間簡化生活，過程全記錄在書中。在中文版的推薦序言中，中央大學王邦雄教授有這麼一句話：「簡不是物質的匱乏，而是精神的自在；樸不是生命的空虛，而是心靈的單純。」一語道破！

書中將簡化的領域區分成家庭、生活形態、財務、工作、健康、個人生活，甚至還有一章專門叮嚀女性同胞，其中包括丟掉高跟鞋、不帶大皮包等等的建議。基於個人財務和生活狀況，以及東西文化、生活形態的差異，書中所描述的有些內容可能與我們關係不大，但沒關係，挑有用的就好。我就從其中得到不少啟發，譬如：簡化搬家、買二手車、簡化旅行、檢討購物習慣、簡化投資組合、簡化飲食、整理人際關係，以及學著說「不」！

我按照書中建議，取消好幾張銀行信用卡。以前覺得信用卡很方便又能累積點數換禮品，甚至有些信用卡還能彰顯身分，後來發現羊毛出在羊身上，管理多張卡費時費力還要擔心被盜刷的風險。留下一張純粹為旅行時的不時之需，能不用就盡量不用，感覺比過去輕鬆許多。另外，對各種用戶名和密碼的管理既要省力氣又要降低風險，唯一方法就是減少使用電子工具的數量，不讓本該幫助我們的東西反而成了我們的負擔。

生活試驗場

「簡單是最高級的複雜。」——達文西，藝術家

　　退休後的生活就像大試驗場，之前對不用上班的日子雖然有許多憧憬，但就跟許多事情一樣，必須親身經歷才能真正理解箇中滋味。以吃為例，我上班時外食比例高，退休後在家開伙次數大幅增加，以前老婆偶爾到住家附近小超市買菜，就連她對菜價都說不清楚，更別說我了。退休後我陪她一起上小超市，一段時間以後才發現其實可以去大賣場，選擇多而且價格便宜不少，買了一年才發現傳統市場更棒，蔬果新鮮又多樣，逛起來還更生猛有勁。

　　這種漸進式的調整，省錢自然不在話下，但更大的收穫是飲食習慣因此有了相當大的改變。以前無肉不歡，而且愛吃各種加工過、味道重的食物，現在自己開伙，我們夫妻倆又都不是特別愛下廚的人，所以買來新鮮食材，簡單烹調就吃了。習慣以後，對餐廳的大魚大肉興趣減低不少，卻對口腹之欲的享受絲毫不打折扣，相信對健康也因此有一定程度的貢獻。

　　再說穿衣，過去買衣服大多為應付工作需要，很少考慮費

用，該買就買，退休後面對衣櫃累積多年的各式行頭，只要願意，恐怕好幾年都可以不用添購新衣物。我雖然還是有買，但買不多，還捐出一大批舊衣服。我是男生就算了，老婆的變化才大，後來我們偶爾上百貨公司，她說：「以前看到陳列櫥窗不由自主的被吸引過去，現在常常視而不見。」好奇妙啊！

我們倆多年來出門習慣開車，開了十幾年公司車，退休後靠自己張羅。老婆那時外務不少，而我常去打高爾夫球，所以乾脆一口氣買兩輛車，一人一輛，就當作是退休禮物。既然是禮物，當然得特別一點。送給自己的是一部紅色小跑車，一年多後把車賣了，原因很簡單，開得太少！賣它而不賣老婆那輛戰車，是因為戰車大得多、實用得多，維修費用還低得多。

開得少是因為後來高爾夫打得少。我在三十出頭就開始打小白球，既是運動娛樂也是趕時髦、開展社交。退休猛打了幾個月，卻發現去除身分和社交光環，高爾夫不過是另一個運動項目，很好玩、很有競爭性，但請問哪項運動不是如此？說穿了，門檻高才是造成有條件的中年男人趨之若鶩的主因。

我現在還在打小白球，但已不像以前不打不舒服，但因為如此，小跑車變得可有可無，沒早點賣是捨不得，總覺得好不容易擁有這麼個傢伙，奢侈是奢侈了點，但少了它又好像有點對不起自己，拖了一年多，終究賣了，賣後心情出奇得好，不需要依賴外物的感覺一身輕鬆。

　　後來我們夫妻倆合開一部車都嫌太多，原因是愛上騎腳踏車，好玩方便又環保，一開始只用它健身，漸漸擴展成日常交通工具，方圓十公里內大都用腳踏車，愛怎麼騎就怎麼騎，又不怕塞車。我在腳踏車上裝了里程計，計算平均一年可跑將近兩千公里，而汽車平均一年也不過三、四千公里。騎腳踏車的習慣一直保持到現在，每次跨上風火輪都有一種自由自在的暢快感，反倒是汽車成了能不開就不開的純工具。

　　住的方面。剛退下來時住在北京，基於多年習慣，仍然堅持要有各種大小電器、成套家具、健身房、附設超市等等的設施，心想省錢是一回事，生活品質不能打折扣，否則就失去停止工作的意義。住了沒多久就發現許多東西都是多餘的，不只是花錢，而且擁有就需要維護保養，又是需要精神和時間的投入。

生活是有選擇的

「夢想就是允許自己想像，一個你希望成為的樣子。」
──佩姬，演員

　　類似的例子不勝枚舉。生活是一件很奇妙的事，人可以活在完全一樣的時空環境，調整心態和做事情的方法，就得到完全不一樣的感受，過上不一樣的日子。你可能會說，我提到的簡化方法你早就在做了，沒什麼大不了。我承認，我的例子不是很好，不上班後省下來的費用比我預期的還多，或許只說明以前的浪費；簡化生活的努力讓我感覺輕鬆、專注，或許也只說明了我過去的庸人自擾。

　　但真正的關鍵還是在心態，我雖然不是最簡單樸素的人，但是在一步一步的往這方向前進，並且對過程甘之如飴，而四周見到大多數的人，起跑點有高有低，但卻有志一同的向著簡樸生活的反方向大步前進。許多人最常說的一句話是：「人在江湖，身不由己啊！」哦！是嗎？這個說法是不是有推卸責任的嫌疑？自己的人生如果不能由自己掌控，是不是也太悲慘了？

　　試想：在你忙碌的生活中，有多少時間花在像是等待服務，

赴不想赴的約會，無意識的看電視、處理帳務，甚至生病養病等等這些不受歡迎的事物上面？能不能調整？答案是：當然可以。但我們經常面臨另一個問題，那就是在抱怨時間總是不夠用的同時，卻對偶爾出現的空閒時光手足無措，懷疑生活是不是出了問題，否則怎麼會讓自己處在無事可做的境地？而為了要填滿空閒時光，最好的做法就是讓自己更忙碌，然後再來「充實」的抱怨自己的忙碌。

　　過去幾年，你換過幾次照相機？在花時間挑選比較、熟悉操作之後，有沒有因此增加旅行的閒情逸致？換過幾次手機？有沒有因此和親人朋友的溝通更加順暢，感情更加親密？買過幾個名牌包？換過幾部汽車？有沒有因此得到別人更多關注的眼神？你確定那些眼神都是羨慕、讚許嗎？有沒有可能更多負面的東西？

　　擁有物品是為了過便利、閒適的生活，努力打拚是為了實現自身的特點和創造力，有時候被生活重擔拖著走是迫不得已，但也有時候只是被虛無縹緲的假象所滋養。這些假象的土壤，存在於我們缺乏自信又嫉妒的心中。明白這點，自發性簡樸就是最自然不過的結果，人生目標一旦確立，就再也不願意浪費寶貴的時間、精力，於是我們遠離繁瑣的人事物，簡化生活，不再過度介意別人的看法。

　　還在上班時，經常和朋友相約打高爾夫，退休後有一次友人照例邀約週末打球，我回絕了，並且坦白的告訴他是因為週末打

球費用太高。說這話之前我猶豫了一陣，因為不確定這麼說是否會傳遞出不再屬於「那個」社會階層的信息，甚至因此失去一些朋友。後來證明我的憂慮的確部分成真，但我也不介意。因為，因此而帶來坦率、自然對己對人的感受，就像那句信用卡的廣告詞：「無價！」

別再說人在江湖身不由己了，生活是有選擇的，全在一念之間。如果你說：「我不想改變，但是還是想提早退休，退休後再追求簡樸生活。」那就祝你好運！但我勸你別提早退休，因為那已經失去意義。反之，如果你自認已經在心理層面準備好接受自發性的簡樸，建議你拿出一張紙和一支筆，就從食衣住行這四個項目一一切入，思考有哪些能夠被簡化。如果你已經開始記帳更棒，配合數字將更加清晰，記住！省錢只是自發性簡樸的好處之一，清爽自在富有彈性的生活才是終極目標。

課後自省

- 擁有的物品比五年前更多？有感覺比五年前更幸福？

- 自認能做到工作與生活之間的平衡？

- 如果有更多時間，希望能花在什麼地方？

- 經常有「被別人看不起」的憂慮？

- 參加同學會時會刻意誇大某方面成就，或隱瞞某方面的不足？

- 經常感覺在工作上受到別人打壓？

- 考慮不開車，改搭大眾交通工具上下班嗎？

- 經常上吃到飽餐廳大快朵頤？

- 隨著年齡增加，住更大房、開更大車是天經地義嗎？

- 如果下個月要搬家，現在家中必須帶走哪些東西？

- 看到鄰居或同事換高級新車，心中有何感想？

- 談到改變生活形態，覺得自己是人在江湖身不由己嗎？

十年後

節儉不是美德，是必要手段

企業家的基因包括領導力、遠見、渴望成功，和節儉。
——布蘭克，創業家

自發性簡樸之於退休規劃的重要性在FIRE風行全球後更加明顯，好幾本美國上班族記錄自身FIRE過程的書籍中提到省錢方法，有人住二手拖車，吃超商快到期的廉價食品，有人出行走路或騎單車，收集各種折價券等，他們都能很快達到財務獨立目標，辭掉朝九晚五工作開始自由斜槓人生。

這些人的親身實踐證明簡樸生活之於財務獨立的效用確實驚人，卻也突顯出一個比FIRE本身更深沉的問題：如此努力節制物欲究竟為什麼？

如果簡樸只是為了不想工作上班，很容易演變成「尼特族」

（NEET, Not in Education, Employment or Training），學經歷不差，卻因為低薪、低自信、低成就感等因素排斥就業，成天宅在家裡過狀似溫飽無虞卻毫無追求的生活，這種狀態顯然不是有人生夢想人們的期望，卻是全球許多已開發社會的現實。

之所以說簡樸需要「自發」原因在此，人們不該因為沒選擇才無奈簡樸，而是有比滿足物質欲望更重要的追求才主動積極簡化身心。簡樸也不該是刻意節制欲望的結果，相反地，是為了滿足物質之外的自我實現需求，自然而然形成的生活習慣。

近年很流行的「斷捨離」頗符合這種理念，「斷」絕不需要的東西、「捨」棄多餘的廢物、脫「離」對物品的執著，遠不止丟掉多餘物品而已，除了保持生活環境整潔清爽，不受雜物干擾外，更重要的是保持內心簡單平靜，不受各種雜念影響。

要做到這點，除了丟棄多餘物品，也需要放緩生活步調，簡化人際關係，講白了，與其說它是一種方法，不如說是一種哲學，重點不在擁有較少的物品，而是較多的空間；不是較少的事務，而是較多的時間；不是較少的朋友，而是較多的自我。

華人一向將節儉視為美德，在我認識的人中，能做到生活省吃儉用的不少，有些甚至接近摳門，但能在心境上達到簡單有餘裕境界的則少得多，這兩者間是有區別的。

例如，有人平時為省錢常吃路邊攤或超商食物，偶爾與親友聚餐卻特別講究排場，專點名貴食材；有人平日穿著打扮簡單到

近乎邋遢，購買名牌包或其他昂貴飾品卻毫不手軟；有人平日極少花錢消遣娛樂，難得旅遊吃住玩樂卻講究奢華，血拼更不在話下。

這些現象反映出無法在心境上做到斷捨離，這樣的人雖然不見得好逸惡勞，卻經常生活在外界眼光當中，事事與人攀比，缺乏自我。有人可能會說偶爾吃頓大餐，買名牌品，享受奢華，對自己好一點有何不對？

沒什麼不對！只是真正對自己好的人平時就會注重均衡飲食，而不是趁聚餐時大吃大喝；對自己好平日就會裝扮神清氣爽，令自我感覺良好，而不是在特定場合刻意彰顯身分地位；對自己好平時就會從事調劑身心活動，而不是藉難得機會做沒必要消費。

自發性簡樸最大敵人就是外界眼光，人是社會動物，在意自己在他人眼中形象天經地義，但在意到失去自我就是過頭了，拿捏分寸需要時時自省，有句話說「不要在乎別人看你的眼光，因為根本沒人在看你」，人生上半場確實有躲不掉的競爭壓力，進入下半場與人攀比害己又不利人。

交錯朋友是另一障礙，經常和愛攀比的人在一起，潛移默化間很容易沾染習性，大家湊在一起像一場攀比大會，從學業、事業、財富，比到外貌、家庭、子女，無事不比，這次比完相約下次再比，休戰期間自然得想盡辦法提高競爭力，如此生活要做到

心境簡樸，根本緣木求魚。

　　愛攀比的行為舉止，和愛抱怨一樣，很容易辨認，務必遠離這兩種人（其實很可能是同一種人），因為他們可以輕而易舉把你原本清爽簡單的生活拖入烏煙瘴氣，也不要試圖改變他們，那只會讓自己越陷越深，走開就好，你不會有任何損失的！

　　總之，自己辛苦賺來的錢要怎麼花，應該受內心需求，而不是外界眼光影響。**自發性簡樸不只省吃儉用，更在於空出時間，平靜內心，目的也不只是降低財務自由門檻，更在於將各種有形無形資源用在真正值得追求的事物上！**

第**5**堂課

閱讀和旅行

開闊視野，認識自我，
建立真正屬於自己的人生目標。

書中自有好人生

「新書最大的問題是，讓我們沒有時間讀舊書。」
——伍登，教練

　　退休前一、兩年，當我急於想對工作和生活做出改變，卻又不知該如何下手的時候，有一股力量驅使我往書本中尋求疏解和找答案。這股力量從何而來令人費解，因為從學校畢業後就把閱讀習慣丟個乾淨，工作需要讀許多商業文件，除此之外，平時頂多就是看報章雜誌、網路文字，職業生涯二十多年中讀的書，一整本書，一整本閒書，記憶所及少得可憐。

　　那時出差多，就利用搭乘車船飛機的時間重拾久違的書本，出差愈頻繁看的書愈多，從剛開始的商業書籍、名人傳記，一直看到年輕時最愛的偵探小說。原本只是想從書本中得到特定問題的答案，說來奇怪，卻在腦海中漸漸形成一個海闊天空的全新世界，而且愈讀就愈發現自己知道的太少。

　　閱讀是最廉價又最有效的娛樂方式，以前不看書是以為可以從影視、網路中獲得類似的資訊。後來發現錯了，經由閱讀形成在腦海中的活動，無法被其他方式取代。另一個原因是很難靜下

心來看書。這很矛盾，因為最能讓人靜下心的事情就是看書。總之，前人經歷過的經驗智慧、犯過的錯誤、學到的教訓，結晶在一頁頁的文字當中，讓我們隨意挑選檢視，天下有這麼便宜的事，不讀書是傻瓜！

但是，我想透過閱讀找尋生活出路的努力，一開始並不順利。看了許多書還是無法找到清楚明確的答案，試想：要是明天離開工作，我將處於什麼狀態？退休？待業？創業？充電？休養？我期望的當然是徹底退休，但凡是書名中有退休兩字的書籍，和我當時狀態的關聯性都不大。一般人所理解的退休都是起碼六十歲以上銀髮族的事，而談論中年轉換職業跑道的書籍雖然多少有點幫助，卻也不完全符合需求。

我那時住北京，能接觸到的外文書或翻譯書種類有限，後來趁回台時尋寶，果然找到多本幫助很大，其中包括有些之前提過的：《富足人生：要錢還是要命？》、《流行性物欲症》、《樂在不工作》、《大象與跳蚤》（The Elephant and the Flea）、《身分的焦慮》、《工作，承諾與背叛》（The Working Life）、《湖濱散記》、《莫泊桑短篇小說》，以及阿加莎・克里斯蒂（Agatha Christie）的推理小說、比爾・布萊森（Bill Bryson）的旅行遊記等等。

和之前一樣，這些書也沒有直接告訴我確切的答案，但因此交織形成的精神世界，似乎冥冥之中指引一條道路讓我去尋找屬

於自己的答案。

　　既然你正在看本書，我猜想你平時有閱讀習慣，不像我以前因為長期不讀書而語言乏味，面目可憎卻不自知。以上敘述只是想和你分享，閱讀對我毅然決然選擇走上退休之路有決定性的影響。從書中描繪的各種引人入勝故事和哲學思維，我們可以學習到生活方式不止一種，人生道路也不止一條，不必劃地自限；非但我們不該限制自己，事實上，任何精采人生的前提必定是忠於自我，勇於嘗試。

　　隨著退休後新生活的開展，我漸漸理解到一件事，那就是人生至此，總是該幹嘛就幹嘛。四周人也都一樣，大夥行動一致、目標一致，只要奮力向前衝就好，不用摸索方向。現在我想搞清楚究竟自己處在什麼位置，應該追求怎樣的人生，卻發現身邊能夠當成參照的人鮮少，這時，閱讀對退休規劃又產生另一個重要指引作用。

走上漫長探索旅程

> 「讀一本好書，就像和幾世紀來最聰明的人對話。」
> ——笛卡爾，哲學家

退休前幾個月，在一次聚餐場合我問了大夥兒一個問題：「假設沒有金錢和家庭的束縛，要如何度過剩餘的人生？」這個話題引起熱烈討論，一開始有人說要旅行渡假，後來發現既然不需工作就無假可渡；有人說要在五星級酒店當「大爺」，吃好住好，事事有人服務；有人說要拯救瀕臨絕種動物；有人想和最親愛的人長相左右；有人想在島嶼間不停跳躍（island hopping）等等。總之，一旦把時間因素加進去，個人價值觀的差異漸漸浮現。

按照書中智者的說法：「要確立人生目標的最重要事情是認識自己。」這個道理看似簡單，卻被人們長期忽略。智者還說：「認識自己不容易，是個長期摸索的過程。」我似懂非懂，但既然嘗試有益無害，就認真摸索吧！我做了好幾次幫助了解自己的問卷，好像更清楚自身個性的特點，總結出一些，例如不適合當醫生、工程師（早知道了！）之類的結論，但也沒有夠清楚明確

的答案。

反倒是愈看書愈感覺答案高深莫測，除非有像莫札特或梵谷那樣天生的強烈傾向，否則就得不斷鑽研嘗試，才能慢慢認識全天下最需要認識的人是：自己！幾番努力後，我得到最重要的結論是：書中講的沒錯，這問題沒有快速簡單的答案，當下能做的就是不自我設限，多看多想多嘗試，時時反省，然後看會發生啥事！

我的第一個新嘗試是成為兼職的企管顧問，這是在退休前就做好的安排，原因是兼職工作佔用時間不多，又可以提供經濟上的後援。而且，說老實話，我對於在四十五歲就徹底退休雖然嚮往，但潛意識中總感覺有點不切實，於是和自己達成協議：就當放自己一到兩年的大假，我還年輕，之後還想在某個領域努力打拼，發光發熱。至於是哪個領域，就看探索的結果，但從現實面考量，既然所有過去的經驗和人脈都在商業界，重回企業是最自然不過的事，而做一個企管顧問也似乎是頗為恰當的過渡期。

退休第一年我前後接過兩個案子，工作時間加總不超過一個月，壓力不算大，收入也不差，可是不知為何，心中有些不太舒服的感覺。後來漸漸察覺感覺的來源，以前上班也常做類似工作，但對象都是同事，總能見到、聽到他們事後的成長際遇，感覺自己也有些許的參與貢獻在其中，而當顧問拿錢辦事，後續成效如何事不關己，因此少了成就和意義。沒勁！

　　有嘗試就有學習，這個看似失敗的嘗試其實讓我更加篤定，因為知道如果哪天必須為錢工作時，有一個經過證明可行的選擇。這個經歷也讓我對自己更認識一層，以前工作碰上低潮經常跟人脫不了關係，但回頭想想，記憶最深刻、最割捨不下的還是人。

　　以前不能完全明白工作意義的重要性，這個短命顧問的經歷讓我有了新的體會。更重要的是，透過這個嘗試，我推翻了剛退休時的想法，原本打算修整過後重回企業界，現在除非迫不得已，決定再也不回對現階段的我來說，缺乏樂趣和成長的地方。

　　以前工作時，會很自然的將接觸到的人按照職務、位階做出分類，退休後這幾年，我漸漸開始只把人分成兩大類：看書的和不看書的。看什麼樣的書不是重點，因為每個人關心的事物本來就不一樣，重點是看書的人必然擁有一個獨立自主的精神世界。

　　若是你說：「不是我不愛看書，實在忙得抽不出時間。」我只問你一個問題：每天睡覺前你做什麼事？我的答案是：以前看電視（其實是被電視看）現在看書。這個簡單的改變使我變成另一個人，或許你也可以嘗試。

迎接退休生活

> 「旅行，年輕時是教育的一部分，成年後是經驗的一部分。」——培根，哲學家

試想一下，昨天剛剛退休的感覺：一早起床既沒有祥龍升起，也沒有烏雲遮日，倒是有點怪異，明明可以睡到自然醒卻比平常起得還早。打開電腦，總是塞得滿滿的電子信箱如今空空如也，你的第一個念頭可能是：自由了，太棒了，耶！幾秒鐘後，另一個想法生起：現在該做什麼？

參加老同事辦的離別聚會一開始興致勃勃，還語重心長的發表臨別感言，但後來發現多說無益，留在「江湖」中的人很難也沒有意願，體會即將離開者的心情。就在人聲嘈雜、杯觥交錯間，和同事們暢談種種同甘共苦的經歷，內心深處漸漸理解，眼前面對的將是一條孤獨寂寞的道路。

經歷過後再回頭看，其實職業生涯就是這麼回事。別以為公司老闆多麼英明威武，別以為眼前工作多麼事關重大，別以為少了自己天真的會塌下來。拉長時間放大格局，你會見到一切稀鬆平常，而且不痛不癢。回想過去為工作付出的時間和精力，說它

是一場空並不恰當，但也絕不像當時認為的那麼舉足輕重。如果因此造成對其他人事物的疏忽怠慢，更顯得不值。聽過這句話嗎？「沒有人臨終前抱怨此生工作時間太少！」

人們平日生活為工作忙忙碌碌，抽空休假依然行程滿滿，無論何時腦袋中總是充滿各種事物，突然清空，才發現那些事物其實都不是自己放進去，而是被外界塞進去的。也就是說，大部分時間我們以為自己努力經營生活，其實只是被生活推著跑，凡事爭取更大主控，其實只是在一個不自由的大環境中爭取一點微不足道的小自由。我們認為自己為家人和生活負起種種責任，其實只是別無選擇，不得不然。

退休之前，我一直嚮往自由支配時間的權力，不上班後才理解權力的相對面必然是責任。沒錯，一個空白的行事曆才是真正的考驗，在完全自由自主的情況下選擇對工作、自身、家庭、朋友、社會等等的付出，才是真正代表我們是否對自己人生負責任的表現。但真到了這個時候，我卻有點慌了手腳，也正因為如此，閱讀書籍再度發揮穩定內心的功效。

在當時，我讀過的好幾本書中共同提到「人生下半場」這個概念。很傳神，因為按照傳統觀念可以把人生區分成成長求學、工作成家、退休養老三個階段，但在現代社會經常已經不合時宜。譬如，有人說很難想像我這麼年輕就跟他爺爺一樣，過著含飴弄孫的退休生活。想解釋這不是我的打算，卻又不知該從何說

起，而人生上下半場雖然還不是一個被普遍認知的概念，卻似乎是目前最貼近現實的說法。

任何有上下半場的球類比賽，都有一個中場休息時間，在這段時間，球員不只是在休息，更是在檢討上半場的種種，以及為更重要的下半場做準備。從退休規劃的角度來看，這段時間可長可短，但極其重要，因為關係到整體人生目標的檢討和重新（或首度）訂定。

若是你說：「沒問題，給我完全自由，我很清楚自己的未來走向。」如果真是如此，你必定是一位充滿真知灼見的人，但我不是，所以花了不少時間摸索，而這其實頗符合許多專家的說法：認識自己，並且在此基礎奠定人生目標，不是一件簡單的事，需要花許多時間嘗試探索。探索的過程雖然令人焦慮，但卻充滿抽絲剝繭的樂趣。一般來說，使用的方法不外乎三種：閱讀、嘗試和旅行！

好奇心與求知欲

「世界就像一本書，不旅行的人只讀其中一頁。」
——聖奧古斯丁，神學家

　　有陣子流行以「某某歲之前必須要做的某某件事」為書名，內容必定包含旅行。成功人士也常對大學生建議，要趁年輕盡量多看這個世界，即使因此耽誤部分學業或工作都是值得的，因為旅行除了好玩、增廣見聞，更重要的是能幫助我們透過外界認識自己，而認識自己才能找對方向，比較起在錯誤的人生道路上早早起步、拔腿狂奔，更好的選擇必定是在正確軌道上穩步前進，即使稍晚開始也沒關係。

　　這就是旅行在我們摸索人生歷程中所扮演的重要角色。離開熟悉的生活環境，見識不同人群看待事物的差異，我們可以當成是奇風異俗、非我族類，到此一遊之後揮揮手不帶走一片雲彩，但如果跳脫自我、將心比心，就會發覺人類智慧無處不在，許多原本被我們視為理所當然的事物，其實有很多值得斟酌之處，因此對人事物的看法會有所改變。

　　有人說：「旅行的目的不是一個地點，而是看待事物的新方

式」，在這個前提下，其實旅行不一定非得去遙遠又充滿異國風情的地方，心態對了，處處是景，事事有趣。試想在每天上下班的「旅程」中，你是否注意到沿路的風景和有趣的人事物？答案可能沒有。因為我們總是把熟悉事物設想一成不變，因此自然視而不見。再想想，為什麼台北人很少去故宮，巴黎人很少去艾菲爾鐵塔？

答案不是景物不美，而是心態不對！

是什麼心態？簡單說，就是好奇心和求知欲。能常保好奇心和求知欲，就能透過對外界觀察反求諸己，擁抱世界的同時也找到安身立命之地。但要如何觀察又如何擁有旅行所接觸到的美？最等而下之，卻也屢見不鮮的做法是在景物上刻下自己的名字，除了損物加損人之外，也絲毫談不上利己。更普遍的是拍照留念，不失為好方法，隱憂是喧賓奪主，讓手中的攝影器材取代了我們的眼睛和心靈。

智者建議人們把所見所思畫下來或寫下來，重點不在畫得多好寫得多棒，而是畫和寫的過程必然要求我們更加細微的觀察，以及更加深入的思索。透過觀察和思索，大自然不只是雄偉壯觀，還能襯托出我們的渺小，撫平我們在現實生活中經歷的種種煩惱；透過觀察和思索各地不同的風俗民情和價值體系，不再是怪異有趣，而是能培養我們天涯若比鄰的世界觀，和啟發生而為人的深層意涵。

　　每個人對旅行喜愛的程度不同，我以前就自認不是特別喜歡出門，在退休前的規劃中有經常旅行的打算，主要是配合老婆的喜好，沒想到跑了一、兩次後，自己也開竅了，發現原來不是不愛，只是以前心態不對，不能放開心胸享受、體驗陌生事物。嚐到甜頭、食髓知味後，旅行就變得不是可有可無，而是生活中不可或缺的一部分。

　　其實退休前因為頻繁出差和每年至少一次的渡假，跑過的地方不算少，我把這個在中年以後才培養出來的新嗜好稱作「旅行」，以有別於過去的「旅遊」。現在我們夫妻倆開始向背包客看齊，以前住高級旅館，現在只求乾淨安全，以前為善加利用有限假期時間，旅程要求精準方便，現在買打折機票，行程隨遇而安。

　　當然我們倆離真正的背包客還有一段距離，以前旅遊大都是用幾天幾夜計算時間，現在大都用幾週為單位。已經是一大突破了，但在旅程中遇上的背包客大都是以幾個月為單位安排行程，半年、一年是家常便飯。看到這些背包客，我很遺憾自己年輕時沒有這麼大的勇氣和耐力，但也對邁入中年後還有興趣和力氣做個半調子背包客，感到慶幸與驕傲。

　　我建議，如果可能盡量自己安排行程，如果參加旅行團到此一遊雖然也不賴，但名山大川、特色建築多看幾眼也就那樣了，跟看風景明信片、讀旅遊簡介差別不多，而且比較難以接觸當地

人群。而「半背包」式旅行的好處是更加貼近當地真實生活，從而深入了解一個地方的歷史、地理和思維模式，千姿百態的多元文化令人玩味再三，不覺疲倦。

換個地方過日子

「直到回家躺在溫暖熟悉的枕頭上之前，沒有人知道旅行有多麼美妙。」——林語堂，作家

　　從財務管理角度看，無論如何節省，旅行終究是挺花錢的一項活動，也的確是我退休後所有支出中花費最高的項目，但絕對物超所值。有句話說：「擁有經歷勝過擁有物質。」很有道理。透過對旅遊的喜好還能對之前提到的消費主義同儕壓力，這些毛病產生節制功效，原因是總想把錢省下來旅行。

　　若是你說：「旅行這麼花錢，難道不會加大退休準備的難度嗎？」我認為，你的確應該預留一些財務空間，但也不需要過於緊張。旅行是我退休後總體開銷的「調節閥」，和預算相比，在生活必要支出後剩下的錢愈多就跑得愈遠，剩下的錢愈少就跑近點。

　　十八世紀有一個叫德梅斯特（Xavler de Maistre）的法國人，出版了兩本遊記：《斗室之旅》（Voyage autour de ma chambre，繁體中文版譯為《在自己房間裡的旅行》）和《斗室夜遊》（Expédition nocturne autour de ma chambre），描述他在自己家中

的旅遊經歷。我雖然沒閱讀過這兩本書，但單憑想像就對他的灑脫樂觀由衷敬佩，心生嚮往。重點不是距離，而是好奇心和求知欲！

退休六年來，我的整體旅行時間從起初的一年一個月到現在一年三個月，而且還在考慮拉得更長。旅行如今對我來說更像「換個地方過日子」，也因此影響對居住在什麼地方的看法。我發明一個「大窩小窩」的理論，居住地是大窩，旅行目的地是小窩，大窩小窩最大區別是停留時間長短，旅行時間拉得愈長，大小窩的區別就變得愈加不明顯。小窩經常變動，大窩未嘗不可。試想，在小窩待久了不就成了大窩嗎？

這麼想或許不切合實際，但也不全是無稽之談，除了老年醫療需求外，其他的限制大都可以被克服或妥協，我們倆因此打定主意，在可能的範圍內，盡量做到以四海為家。

行萬里路勝讀萬卷書，閱讀和旅行哪個重要其實無法比，重點是都很重要，而且相輔相成。你如果平時就保有這兩個習慣，恭喜，想必你擁有一個海闊天空的內心世界，現在需要做的是將它轉換成實際行動。如果只有兩者之一，別氣餒，你已經比多數人要好了，要做的是盡快培養缺少的興趣與習慣，相信你會發現兩者間有許多共通之處。

如果你兩個習慣都沒有，也別認定自己不是那塊料。天下沒有人不愛旅行或閱讀的，小時候看過《辛巴達歷險記》的書或影

片嗎？一直讓我很納悶的一件事是，為什麼辛巴達歷經那麼多災難危險終於脫困，回到安全的陸地後，過一段時間又想出海探險？我現在明白了，因為好奇心和求知欲不是後天培養的，而根本是流在我們血液中人性的一部分，你只是一時還沒找到合適途徑入門而已，要給自己機會嘗試一下。

若是你問：「可不可以不經過中場休息的檢討、探索，就從人生上半場直接跨入下半場，甚至上下半場同時進行？」我的經驗是：很難！認識自我、探索人生目標的利器是閱讀和旅行，兩者皆備能幫助你儘快脫離上半場，但如果不先脫離就無法全心全意的嘗試，和從學習錯誤中做出調整，也就是所謂的探索。

中場休息之所以必要就因為如此，而閱讀和旅行在這個階段的重要性只增不減。事實是，閱讀和旅行並不是階段性的任務，而是一生的功課。活到老學到老，即使退休後還應該把這兩件事當成生活重心。

若是你再問：「好吧，如果透過閱讀和旅行對外在和內心世界，都有一定程度的了解以後，我的人生目標和生活內容該有哪些相應的調整改變？」你這下問到核心問題了！下一堂課，我們就要進入退休規劃關鍵中的關鍵：職志！

課後自省

- 上次逛書店是什麼時候？如何挑選書籍？

- 書中真的有黃金屋和顏如玉嗎？為什麼？

- 看書增加知識，但能透過看書更了解自己嗎？

- 最想看的名人傳記是誰？為什麼？

- 現在從事的工作非我不可嗎？

- 工作除了領薪水，還有哪些重要的回報？

- 經常旅行嗎？旅行的方式是什麼？

- 看到浩瀚的自然美景，除拍照留念外有何感想？

- 遇見不熟悉的語言文化、生活習慣，有何感想？

- 文化差異來自發達或不發達地區，會造成感想有
  所不同嗎？

- 如何判斷一趟旅行的品質好壞？

- 今天上下班途中，有注意到什麼有趣的人事物？

- 如果有選擇，想常住一地或經常更換地點？

十年後

延展生活方式，加強可塑性

愛閱讀的人死前活過一千次，不閱讀的人只活一次。

——馬丁，作家

　　離開職場這些年，我愈發覺得閱讀和旅行與生活品質關係密切，平時沒有閱讀和旅行習慣的人在規劃退休時，可能因為對生活形態思考不全而準備不周，已經退休的人如果不閱讀和旅行，更是難以善加利用時空自由帶來的實現自我良機。

　　亞洲社會從眾性強，主流價值將金榜題名、榮華富貴，子孝孫賢等外在表象視為成功固定標準，多數人思想行為圍繞這些標準型塑，同質性高、多元性少，生活其間，如果沒有足夠獨立思考能力和擇善固執勇氣，很容易終其一生活在他人眼光當中。

　　之前提到「獨立自主精神世界」重要性正在於此，不是非得

131

過和其他人不一樣的生活，但一定要透過自發思考、自主選擇，決定最適合自己的人生道路，而不是從小到老一路隨大隊人馬糊里糊塗走上長輩、同儕，甚至路人甲眼中的理想人生道路。

當年選擇在四十五歲退休，同事只當我要偷偷換一個薪水更高的工作，長輩說年紀輕輕不努力賺錢太浪費，較不熟的朋友以為我生難言大病，同行則傳言我在公司闖下大禍，如果在意那些流言蜚語，搞不好我到現在還在職場上班。

事實是，我的人生上半場可用中規中矩形容，讀書、升學，進入社會，成為一個朝九晚七上班族，和多數人一樣，過程中內心產生過疑問，甚至抗拒，但從未有過徹底跳脫的想法，直到開始大量閱讀和旅行後，才逐漸型塑出走不一樣人生道路的念頭，和堅持執行的決心。

這兩件事讓我認識到人外有人、天外有天，不同文化和生活方式存在於世界不同角落，記錄在古今中外書籍當中，它們或許不見得比我熟悉的文化更好，但透過閱讀和旅行，我理解到人生道路是可以有不同選擇的。

如果不知道有選擇又如何？平時沒有閱讀和旅行習慣的人缺乏獨立思考能力，考量退休時通常只繞著錢打轉，忽略規劃生活內容。結果就是，即使退休後無需擔憂金錢，卻很可能因為少了外力推動，生活缺乏有意義追求，陷入經常需要打發時間的窘境。

　　已經退休的人如果沒有閱讀和旅行習慣，同樣容易延續退休前一切向錢看價值取向，人生至此本該是大部分責任已盡，全力實現自我的黃金階段，卻滯留在金錢主導的生活形態之中，為一點小利小惠汲汲營營，度過一生。

　　有人說他不是不讀書，而是用上網等其它方式取代，網路可以快速獲取知識，卻無法引發深度思考，科技再發達，傳統閱讀仍有其不可替代性，如因年長視力下滑不適合閱讀書本，也可使用電子書、有聲書等，總之，要活到老、學到老，就必須讀到老。

　　旅行的性質和讀書不同，功用卻很類似，人生上半場多數人將旅行和吃喝玩樂劃上等號，但旅行的功用遠不止於此，上班族在娛樂充電之餘，還應該盡量利用旅行接觸「非我族類」機會，探索不同文化之間差異性，反思眼前生活是否有值得調整改善的地方。

　　退休後旅行則需要將心態放正，因為既然無需工作，自然也就無「假」可「渡」，有些人剛退下來四處旅遊，目的是彌補過去想玩卻沒條件玩的遺憾，一陣子後卻興致缺缺，理由通常是「玩夠了」，再玩也就那樣，花錢又缺乏新鮮感，寧願做其他事打發時間。

　　我原以為正常，因為不是人人都愛旅行，像我年輕時就不愛，但退休後才逐漸理解，旅行可以滿足好奇心和求知欲，吃喝

玩樂會夠，會膩，但天生的好奇心和求知欲沒有極限。說玩夠了只代表旅行還停留在人生上半場的渡假心態。

那下半場該用什麼心態旅行？我認為是作家安徒生說的「**旅行即生活**」，出遊不再只是玩樂充電，而是去不一樣地方體驗生活，去哪裡不是重點，重點是認識、理解，品味地球村的千姿百態，從中獲得樂趣和成長學習，人生到頭也不枉走一遭世間。

現代人的消遣娛樂經常仰賴3C，手機功能再強大也無法達到行萬里路，讀萬卷書的功效，**培養閱讀和探索習慣愈早愈好，一旦養成，人生下半場生活方式的可塑性必可隨之大幅延展！**

第**6**堂課

職志

創作與學習樂趣無窮，而且沒有終點，

短暫生命發光發熱不二法門，就是自我實現！

快樂生活？！

「生活最大的獎賞就是，努力工作於值得工作的事情。」
——羅斯福，美國前總統

　　如果按照重要程度給這十堂課相應學分數的話，接下來要探討的這門：職志，無疑將是最高的。原因是，它和其他多堂課之間都有密不可分的關係，挑戰程度也高，而且依我所見，是台灣工作族群（包含已經退休的銀髮族群），準備程度最落後的一門功課。

　　活在世上就要追求快樂幸福，相信這點沒有人會反對，那就在我們開始定義什麼是職志之前，先來談談什麼是快樂生活。

　　你可能會說：「你的快樂生活和我的快樂生活內容不同。」我同意。那請問你的生活中有哪些事物能讓自己感受快樂？你若是說：「吃美食、睡好覺、聽好歌、買好鞋、中彩券，和朋友歡聚等等。」我也同意。即使你愛吃的東西和我愛吃的東西可能不一樣。那再請問：還有呢？

　　探討快樂生活的書籍、報導累牘連篇，其實內容大同小異，太囉嗦的就不說了。我認為，最能把一個複雜概念用簡單方

法解釋清楚的一派是：心理學上，將感官相關的樂趣稱為「愉快」（Pleasure）；渾然忘我、克服挑戰的樂趣稱作「喜悅」（Joy）；最理想的幸福生活就是：結合適度有節的愉快和豐富充沛的喜悅，而形成的生活。

這是什麼意思？我們覺得吃美食、聽美歌很快樂，是因為在味覺和聽覺上都得到享受和滿足。看本好書、看場好電影，也是精神感官上的享受和滿足，這些都屬於愉快的範疇。生活中少了這些必定會感覺匱乏難受，但多了又如何呢？過量的美食還有滋味嗎？好聽的音樂聽多了還悅耳嗎？這就是需要適度有節的原因。

那喜悅又是什麼？重點來了！喜悅是全心全意投入一件事情，克服挑戰、學習成長，渾然忘我的過程。有點玄嗎？例子其實不勝枚舉，畫畫、彈鋼琴、教育小孩、裁縫、木工、園藝、修理馬桶、瑜伽、打球、烹飪、冥想等等。若是你說：「又不是每件事都愛做。」沒錯，你需要具備相關興趣和技能才能克服挑戰，讓自己處在一種樂在其中又控制全局的地位。

回想一下，你一定有過這樣的經驗：埋頭做某件事情，再次抬起頭時，已過了一段相當長時間而不自知，甚至忘了吃飯、喝水。請問，上次發生這種狀況時你正在做什麼事？過程和之後有何感覺？這就是喜悅。全然是一種看不見、摸不著的心理活動，卻能讓我們如痴如醉，興奮感動卻又不同於讓人雀躍喊叫的興奮

感動，它賦予我們一種平靜感，一種發自內心的平安和喜樂感受。

讓我再問你一個更關鍵的問題：你上一次有這種感受是什麼時候？如果你的回答是：「今天早上啊！」那太棒了！但如果你想了一會還是無法很確切的回答這個問題，相信我，你的人生出問題了。哦！對了，別回答打麻將，喜悅有幾個附加條件，其中之一是絕不牽涉可能後悔的負面情緒；也別說看電視，喜悅必須有行動和學習成長。

愉快和喜悅哪個重要？都很重要。兩者雖然沒有高低輕重的區別，但因為特性不同，有數量頻率的差距，愉快需要適可而止，而喜悅則是多多益善。姑且再以一個愛畫畫的人為例，試想他的一天這麼度過：

一夜好眠，迎著初生陽光起床，心中洋溢希望，運動、沐浴一身清爽，豐盛早餐後全心致力於心愛的藝術創造，直到被飢餓提醒才發現早已過中午，簡單用餐繼續工作到黃昏，就著夕陽餘暉喝杯下午茶，與好友共進豐盛晚餐後和親人散步話家常，在喜愛的音樂背景中看兩章引人入勝的好書，帶著滿心充實上床就寢。如此人生，夫復何求？

名字念起來很拗口的心理學家，米哈里·齊克森米哈里提出「心流」（Flow）這個概念，形容的狀態非常接近以上所形容的喜悅，他是第一個使用這個名詞的人，從此被人們廣泛運用在各

種不同的人文科學領域。但事實上，最早發現並運用這種精神狀態的人，是兩千五百年前的東方宗教人士，包括佛家、道家和日本禪宗。不是很有趣嗎？不同時代、文化、宗教背景的人，生活狀態南轅北轍，但對幸福人生的追求倒是如出一轍。

職業vs.職志

「人們從事職業以賺取薪資，但從事職志才是我們身而為人的原因。」——福克斯，演員

　　現代人如何取悅自己？吃喝玩樂、旅遊、購物，大部分人因為時間、金錢有限，享受愉快通常沒有過量的問題，真正的問題是喜悅太少。許多人煩惱的根源是工作，其實喜悅的最大來源正是工作。因為牽扯到運用技能、克服挑戰，所以你說什麼人最幸福？答案很簡單：職業和才能、興趣緊密結合的人。但世事哪能盡如人意，真能做到的少之又少，一般人大都把工作當作不得不為的苦差事，找樂子還得靠閒暇休假。

　　這樣的日子過久了，容易讓我們徹底忘記喜悅這碼事。幾年前我在書中讀到「心流」的時候，感覺很震撼，我完全理解它的含義，因為腦海中馬上呈現許多以前經常做的事，例如：很過癮的打球或廢寢忘食編寫電腦程式，或更年輕時學習騎車、游泳。寫作文時都有這樣的感受，整個人投入其間，時間就像不存在一樣。為什麼現在感覺很遙遠？從什麼時候開始，我們捨棄生活中的最大樂趣？

真的是費時、惱人的工作造成的嗎？那為什麼休假的時候不追求喜悅？哦！因為太麻煩、太累人，不如吃頓大餐，買雙新鞋來得輕鬆簡單。但為什麼有這麼多人退休以後還是寧願看電視也不願意花時間學習？哦！因為做不好會被人笑，小孩子犯錯無所謂，幾十歲人可丟不起這個臉！工作壓力、外人眼光、缺乏時間、缺乏才能等等，要找藉口一百個都找得出來，但別忘了，人生是自己的，要活得和其他人一樣不難，但要活出自己就要克服最大的障礙：自己！

許多書上都提到一個共通的概念，有人稱「職志」，有人稱「志業」，或是英文的「Calling」，名稱不同，涵義也不盡一致，但都是用來和傳統的職業做區別。職業是我們付出心力、時間，換取金錢養家活口的活動，職志同樣要付出心力、時間，但除此之外還需要符合三個條件：會做、喜歡做、有意義！從這三個條件判斷，不難理解為何從事職志也是最可能產生心流，創造喜悅的活動。

不知道你是否已注意到，職志和職業最大差別在哪裡？對，是賺錢！職業雖然也可能部分符合這三個條件，但終究以賺錢為最高原則，有別於不以賺錢為前提的職志。

但話說回來，雖然賺錢不是職志的條件之一，但最會賺錢的人通常都不是從事職業，而是從事職志的人。不信嗎？請問比爾‧蓋茲、賈伯斯、巴菲特這些大富豪做的是職業還是職志？你

也許會說：「這些人距離我太遙遠了。」那就看看四周，想必可以找出幾個類似的例子，正如之前所提：財富不見得能創造快樂，快樂卻能創造財富！

這不是本書第一次談到職志的概念，在第四堂課：〈自發性簡樸〉中曾經提到許多人覺得克服物質欲望不容易，要看穿消費主義、同儕壓力，不是想做就能做到的。的確如此，否則每年花費在廣告上的天文數字就全都打了水漂了，如果只是壓抑自己的欲望，不但感覺難過委屈，還會經常擔心被人看不起，可是一旦生活有了職志做重心，這些毛病就會自動免疫，過簡樸的生活一點也不費力氣。

導演李安在成名前曾經失業窩在家裡六年，靠老婆工作養活一家四口，他後來在回憶錄中提到那段歲月，表達了對老婆的感謝，卻沒有任何「男兒當自強」式的悲情。

事實上，如果觀察李安在功成名就之前和之後的行為舉止和生活形態，會發現基本沒有任何差異，依舊心平氣和、依舊極其簡樸，完全沒有一夜成名的激動或暴發戶的奢華。他為什麼能做到？很簡單，李安有電影作為安身立命的職志，因此沒有多餘心思考慮其他狀似光鮮亮麗，卻沒有實質意義的東西。

除了自發性簡樸，本書第五堂課〈閱讀和旅行〉的目的是：藉由對外在世界的認識、理解，反射剖析自己的內心世界，並在認識自己的基礎上，找到生命的意義和目標。簡單的說就是尋找

職志。找到職志後要更深入探索其真實內涵，並不斷的追求其完善，就會得到源源不斷的喜悅回報。

　　職志還跟第一堂課〈渴望〉有密切關係。人們尋求改變的出發點是丟掉某些舊東西，致力於某些新事物。職志就是驅使我們，勇敢跨出熟悉環境的最大動力之一。之前提過，我選擇走上提早退休是因為不想過那樣的生活，但究竟想過什麼樣的日子？這個疑問我花了一兩年時間才獲得答案，我把它稱為：探索個人職志的中場時間。

人生下半場

> 「人生太短，不要讓自己無聊。」——尼采，哲學家

　　傳統上，我們把人生分成三個階段：成長求學、工作成家、退休養老。第一階段的主要內容是「開發」，為成年生活打基礎，時間大概二十多年。第二階段「生產」，成家立業、為社群貢獻心力，時間長達四十年左右。最後，退休人生所剩無幾，過以「休閒」為主的生活。

　　隨著平均壽命的不斷延長和終身僱傭制度的逐漸瓦解，社會學家於是把開發和生產兩階段合併成為人生上半場，內容和傳統差異不大。差異發生在下半場，因為內容變成集開發、生產和休閒的混合體。

　　換句話說，新概念打破活在什麼年齡就只能做什麼事的界限。這個概念目前還算不上主流，現代人談論退休仍然以傳統觀念為主，但值得注意的是，新思維雖然把原來被稱作退休的事變得混淆不清、無以名之，但影響力卻明顯的正在擴大。

　　至於上下半場時間如何分割？沒有硬性規定，但考量心智成長和壽命等因素，理想的分界點似乎應該在四十多歲。如果你

問：「下半場既然又學習又生產，那跟上半場有何不同？」不同點在動機和心態，通常上半場比較被動，雖然有一定選擇空間但有限，下半場自由度大得多，學什麼、做什麼和自己天生志趣密切相關，不再被外界需求牽著鼻子走。透過學習新事物和發揮天賦才能實現自我，同時還有富餘享受休閒、幫助他人。

　　說得容易想得美，對吧？難嗎？當然不是人人都有條件做到，但也絕對不如想像中那麼不著邊際。一般人覺得難是難在四十多歲正是一身責任的時候，哪能說變就變？但下半場的概念並不是要人拋棄一切，自私自利的跑去吃喝玩樂，它強調的是人到這個年齡通常已經打下生活基礎，在不影響責任義務的前提下，拋開能被拋開的束縛，跟著心走，盡力發現和實現自我，讓生命發光發熱。同時，透過致力於職志，實現對家庭的照顧和對社會的回饋。

　　按照我的觀察，有條件這麼做的人遠遠多於實際這麼做的人。原因是，太多人根本不知道自己符合條件，生活的慣性和無處不在的功利思想，消滅了人們追求夢想的念頭。也許你會說：「身為家庭和社會的一分子，我只是在盡責任啊！」或許吧，但太多人在為他人負責的同時，卻只有少數人在為自己負責。

　　飛機上的急救廣播中必然有這麼一段：碰上事故先救自己再救他人。連自己都救不了，怎麼救他人？

　　在對事業有成的中年人演講時，有人說他對眼前生活很滿

意，不想改變；這話的潛台詞其實是：事業成功升官發財既不是錯誤更不是罪惡，為什麼非要改變現狀不可？問得好，但不該由我來回答，唯一能夠回答這問題的人是自己，而且前提是對自己誠實坦白。所謂被功利社會體制化，講的正是失去正視內心需求的能力。其實，自認不需要改變的人經常最需要改變。有一句話說：如果你不能征服自己，就會被自己所征服。

從上半場進入下半場，不見得非要離開原來的工作，需要改變的是心態，上半場做的事情不管多麼成功，大都受到外界眼光影響，下半場做的事可以和上半場部分重疊，但出發點是為了更有利於開發和實現自我。生活內容完全不改變也不太可能，因為下半場必須在學習、工作和休閒中得到真正的平衡，這跟傳統職場中明明由工作主導一切，卻裝模作樣宣導、鼓勵工作和生活要平衡，大不相同。

探索自我

「找出自己適合做什麼，並且有機會去做它，是快樂之鑰。」
——杜威，哲學家

　　進入下半場雖然不一定要離開眼前的工作，但一定要經過一段中場休息時間。休息可以是生理上的，更重要的是心理上的休息。我們從小進入學校後，就從沒有停止為爭取成績和達成目標的努力。早已習慣隨時提槍上陣，應付來自外界另一波的挑戰，但年過四十該是停下腳步喘口氣，看看過去、想想未來的時候了。

　　下半場還是會有新的挑戰，但不同的是，因為目標由自己設定，碰上的挑戰和應付挑戰的心態和上半場不一樣，中場時間的目的就是讓我們能夠專心透過探索自己，訂定新的人生目標。

　　我在中場時間透過閱讀、旅行和嘗試（譬如兼職顧問），徹底推翻了剛退休時的想法，並且打定主意這輩子再也不回企業界了！我並不厭惡企業，否則也不會一待二十二年，何況工作上班的確提供學習和發揮技能的機會，雖然偶爾也有沮喪倦勤的低潮，但大致來說還好，更別提它帶來金錢、物質上的回報，才讓

我在這裡有東挑西撿的條件，說討厭工作太不夠意思。只是經過這段時間的摸索，發現除了商業技能外，還有其他的興趣、才幹被長期閒置，我的目標是趁有生之年把它們挖掘並發揮出來，回企業上班可做不到這點。

不上班的日子很悠閒也很忙碌，有時忙到懷疑以前怎麼會有時間上班？剛開始有些人跟我說，走著瞧吧，頂多一年，你就會因為太無聊而回到上班族的行列，一年到了，我和上班族漸行漸遠。雖然不無聊，但是生活中總感覺還是少了些什麼，旅行很好、讀書很好、運動很好，卻總還想「做」些什麼，克服些什麼、完成些什麼。那時的我，雖然知道有這樣的需求，卻拿不準到底那是什麼。

我不急著找答案，發明需求層次理論的心理學家馬斯洛說過：「認識自己是稀有而困難的心理成就。」他還說：「探索需要經過不斷嘗試和調整、觀察和自省，才能慢慢理出一個大方向，即使如此，之後的探索也不會就此停止。」換句話說，雖然努力朝某一特定目標前進，真正重要的事情並不是最終是否達成目標，而是不斷探索的過程。

我曾在一個自己並不認同，但又沒有太多選擇的旅程上奔跑二十二年，人生能有幾個二十二年？我可不想因為心急又走上另一條不屬於自己的道路。

放棄回企業界的念頭後，我曾經考慮開一家以書籍或電影為

主題的咖啡館或酒吧，也考慮過做義工，但都因為這樣、那樣的因素，決定暫時作罷。這時，發生一個偶然的事件：大學畢業二十六年的同學會，促使我開始另一波全新的嘗試。

創造的樂趣

「人生就像一場實驗，嘗試愈多愈好。」
——愛默生，作家

　　我當時不住在台灣，老同學們很有心，不但發出十二道金牌尋找失聯份子，還架起一個專屬網站，讓平時忙碌又四散各處的同學有一個交換近況的平台。人在異地總是對來自家鄉的訊息特別關心，我積極參與大夥在正式碰面前的「紙上同學會」，每天都上網發好幾個帖子，其實我以前對網上聊天並不熱衷，但和老同學對話有一種進入時光隧道，回到從前的感覺。

　　以前工作時的語言以英文為主，和同學聊天還是用中文比較親切方便，這才發現已許久沒用中文寫過什麼了，更別提電腦中文輸入一竅不通，費力又耗時的敲了幾天鍵盤後才勉強進入狀況。雖然辛苦，但透過一個多月的交流和大夥拉近不少距離。另一個完全不在預期之內的收穫是：我發現寫東西是件很有意思的事情！回想小時候，作文成績不差，卻說不上愛寫，仔細想想大概是因為寫作通常只是被動交差，而不是主動為興趣而寫，心中因此多少有些排斥。

　　一旦離開校園，就跟閱讀課外讀物一樣，寫作被拋到九霄雲外，記憶所及，除了幾封情書外，沒寫過什麼其他像樣的文字。進入職場，寫電子郵件全用英文，而且商業書信以簡潔為上，連單字都常用縮寫，自然跟文情並茂扯不上邊。一開始只是和老同學敘舊的興奮，寫著寫著，我發現寫作不但能夠傳達簡單訊息，還能說明複雜思想和表達各種情感，很好玩。

　　同學會的熱情漸漸散去的同時，我對寫作的熱情剛剛開始，但少了同學會的主題，寫什麼呢？以前聽說過部落格這玩意，從沒想過參與其中，乾脆打鐵趁熱以在大學時期的外號為名開了「老黑的博客」，至於內容、篇幅、數量等等，全都走著瞧，有人看最好，沒人理也無所謂，所圖的只是無中生有的創造帶來的樂趣。

　　對！就是創造！寫了幾個月後我理解這就是一直在尋尋覓覓，而不可得的那個「什麼」。原來答案狀似莫測高深，其實近在眼前，只怪自己太魯鈍，想得太多太遠，隱藏潛意識中想做的事情，不過就是把早已存在內心的東西，透過適合自己的創造形式呈現出來而已，無窮盡的樂趣和意義隨之而來，這麼簡單的道理，無數前人早就身體力行，為什麼我過去視而不見？

　　話說回來，道理雖然簡單，要是沒有這段時間的全心探索，會明白才怪。我們從小到大受的教育從不教導如何發掘個人志趣，更不鼓勵創造，所有問題都有標準答案，所有作品都有模範

教材。模仿得愈好分數愈高，愈「乖」愈受大人嘉許。進入社會，情況也好不到哪去，企業用人標準要求員工有創意，可是到了實際操作層面，老闆一句話勝過所有人的腦力激盪，似乎所有人都知道和強調創意的重要性，我卻從沒有真正體會過它重要在哪裡。

活這麼大，這是第一次感受到創造之於幸福生活的不可或缺，老天賦予我們的東西經過學習，必須透過某種形式的創造呈現出來，創造不但是可長可久內心喜悅的來源，根本就是生而為人的基本義務，否則就是辜負了老天的賜予。

創造並不需要高深複雜，愛畫畫的人因為擔心畫得不夠好而不畫，損了自己也利不了人，說自己沒有創造的才能，更是欺騙自己。一般人沒有莫札特的天賦異稟是事實，需要經過嘗試、摸索才能找到能力所在。一旦找到，並不需要和別人比較才能高低，只要學習有進步，努力就會得到回報。即使作品不登大雅之堂，有什麼關係？才幹的種類五花八門，音樂、園藝、木工、戲劇等等，天下沒有兩個人是一樣的，你我所擁有的天賦自然也就不盡相同。

難怪我得這麼費力的尋尋覓覓，後來在書中讀到法國大文豪巴爾扎克說過的一句話，頗能說明我的情況。他說：「當探索過所有事物，發現自己沒有任何才幹的時候，就可以開始嘗試寫作了！」是的，寫作正是我尋覓許久的職志，寫得好不好不重要，

總比讓空間感奇差的我去畫畫要強。

　　無中生有的樂趣令我樂此不疲，透過文字語言和別人互動、分享，甚至影響讀者、聽者，更讓我感覺意義非凡。寫作沒有終點，而且幸好它沒有終點，否則樂趣和意義就會有用盡的一天。

還記得職志的三個條件嗎？會做、喜歡做、有意義！

馬斯洛需求層次

「經過藝術，而且只能是經過藝術，我們才能實現完美。」
——王爾德，作家

職志之外，要把日子過好起碼還要有一項和藝術相關的興趣嗜好（其實職志不過就是興趣中最突出的那項）。

許多人自稱沒有藝術細胞，對藝術喜好僅止於欣賞。說自己不懂藝術可以，說不喜歡是自欺欺人，因為只要身而為人就必定對某些形式的美有所觸動，喜歡但不去接觸是自我否定。接觸也不見得一定是最高等級的作品，藝術之妙在於雖然有品質高低的區別，但任何真誠的創造都有它獨特的美感。

藉著藝術附庸風雅彰顯身分，無可厚非，但藝術最主要的作用是透過創造、鑑賞，淨化生活、豐富精神，忽略這項功能就是本末倒置。有些有錢有閒的人喜歡收藏藝術品，但願意自己動手創作的人少得多，很可惜，因為動手的樂趣遠大於只是欣賞。

我認識一位年輕媽媽，她本身也是個上班族，標準的蠟燭兩頭燒的現代婦女，但無論多忙多累，每個禮拜必定留出半天時間，關起門來做心愛的手拉胚製陶，我沒見過她的作品，但那不

重要，從她心平氣和的言談舉止中，完全可以看出藝術在她的生活中產生的效用。

我希望你讀到這裡已經感受到，並且同意職志之於幸福人生的不可或缺。你可能聽過馬斯洛需求層次理論，說的是身而為人的種種天性需求，之所以是層次，是因為如果前一項需求得不到滿足，下一項需求就不會產生。在層次的最底端（最基本）是生理需求，也就是求得溫飽；之上是安全，如住家、財產；再上是歸屬，如友情、愛情；再上是尊重，包括自我尊重和被他人尊重；最高層級就是自我實現，也就是將老天賦予的長才、特點，透過職志發揮出來。

這堂課的開頭我就說過，職志是台灣工作族群，包括已經退休的銀髮族群，準備程度最落後的一門功課。原因是，雖然大多數人早已滿足生理、安全、歸屬的需求，卻在尊重這個環節被死死卡住，因此怎麼也走不上自我實現的道路。被什麼卡住？被因為對自我認識不清而造成的缺乏自尊卡住，被因為看不透消費主義、同儕壓力（被別人看得起）而缺少的他人尊重卡住。

還在「江湖」的人可以給自己種種藉口，已經退休的銀髮族還要自我設限，令人遺憾。在我們四周可以見到許多很懂得如何安排退休生活的長者，含飴弄孫之外，學習、創造、做義工不一而足，但不可否認，也有不少老人家生活中缺乏產生喜悅的元素。

　　已故的法國人鮑比（Jean-Dominique Bauby）原來是時尚雜誌編輯，四十多歲突然中風，全身只剩下左眼簾能動，他就靠著眨眼一個字母一個字母寫下《蝴蝶與潛水鐘》（Le scaphandre et le papillon），後來還被拍成電影。內容以平淡的口氣談論他的孤獨與哀傷，不知感動多少世人，他的經歷為只要活著就要創造、學習，做出了詮釋與見證。

　　若是你問：「如果這個社會所有人都跟你一樣四十五歲退休，那還得了，誰來生產？誰來養活老弱？誰來回饋社會？」一休到底的確不得了，但退的目的不是休，而是換個更適合的舞台發光發熱。許多人對我說：「你好有勇氣，放棄眼前種種好東西選擇退休。」我的確放棄了一些東西，但如果他們知道我因此而得到更多的種種美好，恐怕就再也不會認為我有勇氣了！

　　人生不過數十寒暑，幸運的我們這一代人未曾遭逢戰亂，生活在現今社會要被餓到、凍到也不容易，為何不給自己一個機會，追求自我實現？你說眼前做的工作就是職志，那太棒了，一百歲也別退休！但如果不是，別說自己沒有條件或沒有才能，你值得一個嘗試的機會，你也虧欠自己一個嘗試的機會！如果不知該如何著手，建議你回想過去經歷「心流」時所從事的活動，不用擔心身手是否不再犀利矯健，一旦動手就等於走上自我實現的道路，無窮盡的樂趣和意義必將隨之而來。

課後自省

- 生活中最快樂的是什麼時候？

- 生活中經常有「心流」的經驗嗎？

- 知道自己的職志是什麼？

- 如果不確定，該如何確定？如果不知道，該如何知道？

- 做什麼事，才算對家庭、社會負責任？

- 做什麼事，才算對自己的人生負責任？

- 經常做什麼和學習成長有關的活動？

- 經常從事的活動和創造有關嗎？

- 相信自己有豐富的藝術細胞嗎？

- 喜歡動手做嗎？擔心作品質量不夠好嗎？

- 欣賞質量不是頂好的藝術品，還能樂在其中嗎？

- 有任何興趣嗜好嗎？如何培養？

- 相信天生我才必有用？具有還未被開發的才能嗎？

- 有足夠的自信和自尊嗎？別人尊重我嗎？

十年後

活到老，學到老，玩到老，工作到老！

一個人的職業不該只是賺錢的事，而是老天帶你來這個世界該做的事。——梵谷，畫家

聯合報研究調查將所謂「退休力」分成三部分：財務、健康、心靈社會，三者比重一樣大，複雜程度卻不同，最複雜的心靈社會再被細分為社會連結，活躍好學，自在獨立等三項目，本堂課的主題：職志，和這三個項目息息相關，同樣也是十堂課中最複雜的一堂。

本書中說「職志」這門課是最被台灣退休族忽視的一門，這點在聯合報調查中完全反映，自我評量「心靈社會」的分數隨年齡上移一路下滑，年輕人大都覺得這方面做得還不錯，一旦離開職場，原來由工作主導的生活形態一夕改變，個人成長和社會連

結尤其受影響。

　　其實並不是年輕人這方面能力強，而是因為上班族每天出外工作，不得不經常接觸不同人事物，退休後要維持活躍、成長、獨立，必須自動自發從事勞心勞力事務，許多年長者因為缺乏動力，沒事寧願待在家裡看電視，心靈和社會需求自然難以得到滿足。

　　我問過不少準退休族一旦退下來要做什麼？能給出明確答案的不多，多數人認為只要有錢有閒，有何困難可言？即使現在不清楚，船到橋頭自然直。但事實是，除非有準備，船是不會自動變直的，不信看看生活四周，多的是財務和健康狀態不差的退休族，生活內容卻乏善可陳。

　　有些人退休後的計劃是做義工，既有意義又可保持和社會連結，結果卻大多虎頭蛇尾，原因是有組織的地方就有「江湖」，過去在職場工作碰上不順不爽，為了生計必須忍受，現在做好事還要看人臉色，不如歸去，能夠長期堅持的人不是沒有，畢竟少數。

　　更大挑戰還是看待金錢的態度，亞洲社會「凡事向錢看」早已是一種約定俗成價值觀，在這種內化價值驅動下，人們思維繞著錢打轉，心態經常處在算計模式中，總想賺盡所有能賺的錢，省盡所有能省的錢。

　　這種價值觀促使人們年輕時努力工作、吃苦耐勞，是人生上半場一大利多，進入下半場卻明顯弊大於利，因為一旦缺少經濟誘因，許多退休族做什麼事都提不起勁，以至明明愛音樂的人不玩樂器，喜歡藝術的人不碰畫筆，卻寧願為一點小利小惠，浪費半天時間排長龍等待。

　　還有些人退休打算將時間精力用在帶孫輩上，含飴弄孫是傳統社會福氣表現，但時代不同了，先不說現在出生率低，即使有意願也可能無孫可帶，更重要的是，現代人壽命長，以前孫子帶一帶直接上天堂，現在把孫子帶到成人自己還有幾十年可活，難道要等著帶曾孫？

　　近年流行的FIRE，中文翻譯是「財務獨立，提早退休」，這兩句話是有先後順序的，許多人認為提早退休的目的是財務自由，其實那只是手段，真正目的是自由自在從事愛做、會做，有意義的職志，也就是走上馬斯洛需求層次中最終的自我實現道路，任何其他目的都是假象。

　　換句話說，FIRE追求的不是不工作，而是選擇工作內容、方式，時間的自由，人只要活著就要工作，否則缺乏成長學習的生命很快萎縮凋零。多數人的人生上半場不得不為五斗米折腰，進入下半場最大意義在於可以做自己愛做的工作，無需凡事從金錢角度出發。

　　不從金錢角度出發不代表不能賺錢，不管是年輕FIRE族，

或銀髮退休族，做有興趣的工作經常會有收入。

　　過去幾年常有人在我的文章留言，大意是「表面說退休，其實只是換成出書，演講等方式繼續工作賺錢而已」，我從不反駁，因為嚴格說他們並沒有錯，我的確是在四十五歲從一個賣油郎轉變成偽文青，差別在於，他們把工作和賺錢劃等號，我將工作當成自我實現手段，有錢沒錢都照做。

　　有人說人過中年不要要求太多，能做到財務不窮困，健康沒大病，生活不無聊就很棒了，我同意第一點，第二點部分同意，因為可以更積極些，第三點則完全不同意，既然來到世間走一遭，不活到盡興要幹嘛？**盡興不是榮華富貴，也不是長命百歲，是活到老，學到老；玩到老，工作到老！**

第 **7** 堂課

健康管理

適當飲食運動，充足醫療保障，提升生活品質，
避免後顧之憂。

健康教育

> 「你的思考、行為和飲食方式，能影響三十到五十年的壽命。」——喬布拉，醫師

回想起求學時代受過的教育，我深感遺憾的是從來沒有人教過我兩件事：理財規劃和健康管理。

這兩件事對人生品質影響重大，必須從長計議。若是你說：「有啊，從小師長就告訴我們健康很重要，而且不是有健康教育課嗎？」是這樣沒錯，但師長有教你如何吃出健康和運動出健康的原理和方法嗎？四周有多少師長用身體力行向你說明，生活習慣之於健康的重要？除了談論生殖器官的那個章節外，你又從健康教育課本中學到哪些一生受用的知識？

關鍵是，我們社會對健康管理的整體重視程度遠遠不足，或許這麼說也不完全公平，因為多數人對醫療環境還是挺講究的。台灣一年花在健保的開支數字驚人，醫院的密度和醫療的品質也都在水準之上，說不足，主要是指生病之前的保健觀念。在第三堂課〈理財規劃〉中曾經提到醫療、人壽保險的重要性，人必定會經歷老病的階段，做好準備可以避免後顧之憂，但這堂課我們

主要探討的是，在將自己託付醫療照養之前，如何保持活力充沛的健康身心，享受人生、回饋社群。

若是你問：「身體健康之於退休規劃，有什麼關係？」相信大家都會同意，身體健康之於任何事情都有關係。擁有健康雖然不見得能保證幸福人生，沒有健康卻可以注定悲慘生活。說到退休，讓我在四十出頭生起退休念頭的原因之一，就是每況愈下的健康狀態。在此之前，仗著年輕，亂墾濫伐自己的身體，似乎也沒遭受嚴厲懲罰。我從高中畢業開始抽菸，一天一包多，連生病住院都要偷溜出去抽菸。而且還是個標準的「派對動物」，每次朋友聚會不戰到最後一兵一卒，難以善罷甘休，因此經常大吃大喝，熬夜缺眠。

念書時愛運動打球，入社會幾年後運動時間大幅降低，三十出頭開始打高爾夫就把其他運動全丟了，後來才知道，其實高爾夫的運動量對年輕人來說遠遠不足。服務的公司規定每二至三年做一次體檢，隨著年歲漸長，有些指數開始陸續超標，打聽四周，同齡人大都狀況類似，而且想起以前常聽人說「做業務的如果腸胃沒有毛病，必定不是個好業務」，以此類推，既然都是些「正常」職業毛病，對超標的指數也就沒有太在意。

健康就是這樣，擁有它時認為理所當然，受到威脅才想到付出努力維持，當然晚付出總比不付出強，可是為什麼總是如此短視近利呢？靠醫療、藥物維持健康和吃香喝辣活蹦亂跳，在生活

品質上可是有很大的差距啊！年輕力壯的時候特別重視健康，看似多餘，但如果不把飲食運動的重要性擺得起碼和工作玩樂一樣高，很快就會被病痛追著跑，要是等病了老了才開始照顧身體，得花全副精力和它作戰，就算贏了，也輸了生活品質。

四大基石

「閱讀和健康相關的書要很小心，你可能因為印刷錯誤而喪命。」──馬克吐溫，作家

專家說，健康有所謂的四大基石：合理膳食、適量運動、戒菸限酒、心理平衡。

先說說飲食吧。我不是專家，但看過一些相關書籍，除了有些看來像是語不驚人死不休的說法外，內容其實大同小異，但我本身是個美食主義者，並不打算嚴格遵守書中提到的每一項戒律，於是只謹守幾個大原則：什麼都吃，但多吃生鮮蔬果，少吃油炸加工速食，多白肉少紅肉，不吃宵夜，如此而已。但這只是我的做法，相信你可以在飲食健康上做得更好。

有一點值得注意的是，台灣的飲食文化對身體健康實在沒什麼好處。比方說，電視新聞不報國際大事，卻花許多篇幅介紹各種小吃美食，街上各種吃到飽的餐廳林立並且大受歡迎，排隊搶購某種流行食品，親友聚會花許多時間分享美食信息等等。或許這些大家早已見怪不怪，但在潛移默化間卻很容易鼓勵過量和不健康的的飲食習慣。

這些現象的另外一個副作用是，把人們的注意力過多集中在飲食帶來的享受，因此忽略了其他能滿足精神的活動。蘇格拉底說：「沒有價值的人生，活著是為了吃喝，有價值的人生，吃喝是為了活著。」就是勸誡世人不要過於耽溺飲食帶來的享樂。

前陣子看到一個調查報導，台灣人休閒娛樂活動的第一名是享受美食。愛吃不是問題，但為了滿足口腹之欲而投入大量時間、精力，還是有浪費生命之嫌。還記得之前提過：「愉快」需要適度有節，何況飲食只是眾多愉快活動之一。

再談運動，這方面我的經歷和想法就多了！原本愛運動的我，和許多人一樣，進入社會後因為成家立業的種種壓力而漸漸減少，甚至完全丟掉運動習慣，直到健康亮起黃燈（幸好不是紅燈）才開始重視運動，為此還買了一台跑步機擺在家中。也和許多人一樣，努力嘗試一兩次後就豎白旗投降，讓那個又貴又佔空間的大傢伙成了一個礙眼的擺設，而且每次走過見到它都好像在嘲笑自己的懦弱無能。

失敗的原因不外兩個：一是興奮過度，目標計劃要求太高，猛練幾次後直接進入傷兵名單，好不容易修養復原，一而鼓二而衰，從頭再來難度更高，要是再度拉傷，那就三而竭了。第二種原因更普遍，定下運動計劃不出幾天，工作忙碌停止練習一次，睡眠不足停止一次，肌肉痠痛停止一次等等。「嚴格」執行計劃前後沒多久，說服自己現在不是最好時機，還是等到身心都有準

備再重新來過。結局如何？一樣！一鼓作氣二而衰。

　　人是一種習慣的動物，把各種習慣結合在一起，就形成一個人。換句話說，把一種習慣去掉或培養一種新習慣，人就變成一個不一樣的人。讓晚上沒有刷牙習慣的人刷完牙再睡覺，剛開始覺得很麻煩，經常忘掉，而本來就有這習慣的人，要他不刷牙就上床感覺很奇怪，翻來覆去猛舔牙齒睡不著。二十年後，不刷牙的牙齒壞了，疼痛難擋，需要花很多錢整治，但有刷牙習慣的人，他的牙齒好好的。差別在哪？很簡單：刷七千次牙！

　　有些習慣是從小養成的，我們可能根本沒有思考過它們的合理性，別人怎麼做就跟著做。也有一些是後來培養的，跟我們根深柢固的價值觀有關係。如果對生活不滿意，與其改變外界不如改變自己，最有效的做法就是丟掉某些舊習慣，建立某些新習慣，於是就牽扯到價值觀的改變。

　　我們經常明知道什麼事情對我們有壞處（或好處），但是總沒有辦法徹底改變，說穿了，只是因為沒有發自內心信服一個新的價值觀，真心想要成為一個不一樣的人。

忙得沒時間運動？

「要不是因為電視到冰箱有一段距離，否則許多人根本就不運動。」——亞當斯，演員

　　要阻止自己養成運動習慣的理由很多，最常見的是沒有時間。時間當然不夠，所以才需要取捨啊！說時間不夠就等於說：運動的重要性不夠。還有一個我最「喜歡」的理由，女性同胞擔心運動造成肌肉發達，穿衣服不好看。愛美的確是人的天性，但美的前提不應該是健康嗎？這說法和古時候裹小腳比較漂亮有何不同？男性同胞其實也難辭其咎，女為悅己者容啊！

　　除了年紀小的和老的，我的生活四周很少有每週運動三次以上的青壯年，但有兩種人對我特別有啟發。一種是以前在國外出差時，常碰到某些同事每天固定運動，有時經過前晚加班工作後，許多人一早精神明顯不好，運動的那幾位卻是容光煥發，身上還冒著剛運動沐浴完的氣息。如果會議超時，那幾位就會立刻要求彈性調整，以免影響運動。原來只把這幫人定位為非我族類，碰多了開始對他們雷打不動的執著產生好奇，而在和他們的接觸中，似乎能感受到言談舉止間自然散發出的一種力量和輕鬆

感，讓人覺得舒服而心生效法。

另一種人年齡較長，和一般人一樣，愛吃愛玩，但藥罐子不離身，無法盡情開懷的吃喝玩樂。他們常談到自己分不清是賣命工作還是花天酒地的日子，然後語重心長的提醒後輩們健康的重要性。

看著他們一方面心生警惕，不希望步上後塵，二方面也領悟到生老病死人生必經，遲早而已，照顧好健康不是為長命百歲，而是把在世的每一天活得盡興，盡了人事後，老天要如何安排，安心接受便是，無需強求。

退休前一兩年，改變生活的渴望讓我終於戰勝心理上的怠惰，工作不知為何而戰，卻又不敢拂袖而去，那就賴著。很奇妙，一旦空出心思，時間也跟著空了出來，以前老說沒時間運動，這下管它去的，先動再說，才發現思想領導行動，只要願意，永遠找得出時間運動。

有鑒於過去的失敗，我沒給自己太大壓力，緩緩啟動，漸漸加碼，目標一週三次。說也奇怪，身體愈不動愈不想動，勉強克服最初的撞牆期，愈動就愈愛動，不動反而覺得怪怪的。對於長久缺乏運動的人，效果幾乎立竿見影，不出兩三個月我就瘦了一圈，褲子鬆了，心情也跟著鬆了，全身充滿迎接挑戰的力量感。雖然當時並沒有完全做到一週三次運動，但大致能夠維持。

運動是一門科學，有氧、伸展、力量缺一不可，每一項都有

它需要遵守的原理原則，如果有心培養習慣，最好在初期找個教練，或至少看些相關書籍，從一開始就做對，可以避免走冤枉路，還可以提高樂趣。

你當然可以按照自己興趣、才能挑選項目，但一定要讓運動容易施行，成為生活不可或缺的一部分。我建議你盡量從事慢跑（快走）和騎自行車，室內室外都可以，交叉做有變化更棒，再配合偶爾爬山、打球，甚至參加競賽，能夠自然形成一個「趴趴走」的生活形態，好玩又健康。

我現在一週運動五到六次，一次約一個鐘頭，風雨無阻。若是你問：「這些年累積下來花在運動上的時間可真不少，值得嗎？」這是我在養成運動習慣後第三年寫下來的部落格部分內容：

壓力很重嗎？去運動吧！

經常生病嗎？去運動吧！

體型走樣嗎？去運動吧！

心情不好嗎？去運動吧！

體力不濟嗎？去運動吧！

我真的不知道也不相信這世上還有什麼事的重要性高於它，運動帶給我新生，也一定能帶給你。

戒菸記

「我堅持不接觸菸酒或其他可能傷害健康的東西，這麼做
會回報在各層面：身體、心靈和財務。」
——丹佐華盛頓，演員

　　健康四大基石的第三項是戒菸限酒，碰巧又是拿手項目，談
談心得。

　　我從十七歲開始抽菸，抽了二十八個年頭，不像有些人抽抽
停停，我抽得可認真了，當兵受訓、開刀住院都阻擋不了。家人
規勸也沒用，因為一直認為抽菸給生活和工作帶來種種幫助，為
此少活幾年也值得。

　　工作外調澳洲，環境影響，第一次嘗試戒菸，大敗收場，才
知道其實不是喜愛而是依賴，以前是不想戒，現在是戒不掉，恐
慌之情油然而生。後來做過幾次減量嘗試，結果愈抽愈多，憂心
健康外更對自信產生嚴重打擊，心想這輩子恐怕是擺脫不了這個
黏人的傢伙了。

　　那時已養成看書習慣，碰到任何疑難雜症都找書來看，這次
也不例外，其實原本只是抱著姑且一看的心理，沒想到找來的書

開宗明義就說，在看完這本書前，什麼事都不用做，安心邊抽邊看，看完再說。正合我意，但既然作者這麼夠意思，心中也暗自給自己訂了目標，看完之後必要有所作為。於是，那本薄薄小書看了我整整一年！不是看看停停，而是不停在看，更準確的說，是不停在「啃」，不敢看完。

那是天人交戰的一年，一會兒鬥志高昂、信心十足，過一陣又覺得自討沒趣，「頂多少活幾年」的理論再度佔據上風，好幾回心生放棄，都挺了過來。其實，說挺了過來有點好笑，因為所有的心裡掙扎都發生在一天抽一包半香菸的背景之下。

想戒菸原因很多：健康、省錢、不被歧視、不製造二手菸害人等等，但把這些理由全部加總都還不夠讓我戰勝心魔，支撐我好幾次從放棄邊緣回頭的那根稻草，還是退休這件事。怎麼說？我告訴自己，不管是否有人推一把，如果我有面對退休往下跳的勇氣，戒菸又有什麼了不起？反過來說，如果連戒菸的勇氣都沒有，顯然沒有資格奢談開創人生新局面。我不確定這邏輯是否合情合理，但事實是：我成功了！

不抽菸或菸癮不大的人很難了解戒菸的困難，甚至戒菸成功的人都避談戒菸，以免勾起痛苦回憶。根據調查，很大比例戒菸成功是因為已經被疾病嚴重威脅的結果，像我這種菸齡長、菸癮大，沒有立即健康問題，沒有接受醫療幫助，單憑意志力戒菸成功的人，少之又少。戒菸成功是我人生至今最大成就！這事我一

點都不想客氣低調，不但不客氣，還經常提醒自己這個了不起的功績，遇到任何困難挑戰，都拿來為自己加油打氣。

其實抽菸就跟生活中其他事情一樣，是一種習慣。不抽菸的人看抽菸全是壞處缺點，已經上癮的人看到的是舒壓解憂，提高專注等等好處。都對！只是看事情角度不同而已，所以我勸人不要開始抽菸，但從不勸人戒菸。但想戒卻戒不掉是另一回事，處在這種狀況最痛苦，因為痛了還不能叫苦，唯一出路是欺騙自己，結果就是和真實自我漸行漸遠。不只是戒菸，許多想要改變生活現況卻又缺乏足夠勇氣，進不得又退不了的人，面臨的囚徒困境道理是一樣的。

菸酒會讓人上癮，但起碼看得見摸得著，要預防或戒除目標明確，生活中另外有些會讓人上癮的東西，例如權勢、物欲、嫉妒等。這些惡習都是無臭無味，一旦沾染，對邁向樂活人生的限制一點都不下於菸酒過量。

之前說過：人是由習慣形成的動物，去除掉抽菸這個習慣，我不再經常咳嗽，心肺能力明顯變好，進入公共場合不再心慌意亂，還省下一筆小財。不只是這樣，一個更願意誠實面對自己的人，在面對任何挑戰時，必定能用更清明的心和更健康的身應付困難，這難道不是個了不起的成就嗎？

心理平衡

「人需要挑戰困難，這是健康的必要前提。」
——榮格，心理學家

身體健康和生活習慣息息相關，早睡早起比較健康，少吃紅肉比較健康，不抽菸少喝酒比較健康，這些都是常識，但有原則就有例外，還是有晚睡晚起，愛吃肉又抽菸、喝酒的人長命百歲。即使如此，有兩件事沒有例外，那就是：所有健康的人都愛活動，沒有一個是好吃懶做的；另外，所有健康的人必定心胸開闊，性格隨和，沒有一個是雞腸鳥肚、脾氣暴躁的，這就說明了心理平衡的重要性。

其實，在我們為準備退休而上的十堂課中，有相當大的比重正是在強調和加強心理的健康，唯有身心靈各方面都健康的人，才能完全享受退休生活帶來的享受，少了任何一樣，都可以使退休生活從天堂直接掉入地獄。

根據調查，正在職場打拚的朋友們有很大比例處在所謂「亞健康」狀態，雖然不到生病的階段，卻經常感覺疲倦、失眠、煩躁、易怒、健忘，注意力不集中等等，嚴重的，甚至在完全未經

醫療的狀況下直接引發過勞死。我在退休前相當長一段時間，就是處在這種狀態。造成亞健康的正是不好的生活習慣，有生理上的，例如飲食、運動、睡眠；也有心理上的，例如壓力、嫉妒、物欲、冷暴力，雖說不是疾病，卻能使我們的生活無滋無味，甚至度日如年。

或許只有經歷過才能看清楚。我退休後和以前同事交往中，發現身為一個現代上班族要做到心理平衡是一件非常困難的事，原因是心理平衡的前提是生活平衡，對以工作為生活重心的人來說談何容易。

前陣子有一位朋友告訴我，她每天睡覺前都要看大約一個鐘頭的小說。我在心中為她暗自叫好，據我所知，包括以前的我在內的多數上班族，要不是沒有時間，要不早已失去那種閒情逸致從事探索、開發精神世界的活動，要做到心理平衡如同緣木求魚。

身心靈的不夠健康可以是驅使人退休的原因之一，但情況並不會隨著退休在一夜之間改善，退休生活的一大功課正是逐漸完善我們的健康程度。即使醫學證明人過了三十歲生理機能就會逐年下降，但仍然可以經由改善生活習慣、運動和平衡心理而逆勢茁壯，或起碼延後老化。

但人終究會老會死，也幸好人終究會老會死，否則我們活在世上的許多努力、作為，都將失去意義。以前看過一部電影，描

述兩個女人找到可以長生不老的神水，從一開始你爭我奪、得手後興奮喜悅，到後來因為活得不耐煩而相互憐憫，最終了無生趣，一心求死的過程。

一般人不重視健康保健卻對醫療維生錙銖必較，試想：真活到一百多歲，你要如何塞滿每天的二十四個鐘頭？要是真能長生不老，所謂的人生目標、喜怒哀樂、悲歡離合、人性道德，豈不全都亂套了嗎？

把活在世上的每天過好，是追求身體健康的最主要原因，但你可曾想過，身體健康其實和理財規劃也有不小的關係，尤其是退休以後，保持身體健康能讓我們省下許多和醫療相關的費用，更不用說身強體健、活力充沛，能幫助我們在致力於職志時屢創佳績。因此而獲得金錢上的報償雖然不是目的，卻是很容易發生的附帶效果。除此之外，身體健康也是獲得旅行樂趣的前提保障。

如果你正在為退休規劃尋找一個切入點傷腦筋的話，我建議你從養成規律運動習慣開始，不要給自己太大壓力，尋求一些專業的幫助，只要堅持住開頭的一小段時間，不久後你就會發現回報遠超出你的預期，除了身體更舒適強壯外，面對規劃退休的其他挑戰，你也將會感到勇氣百倍。

課後自省

- 我處在亞健康狀態嗎？

- 有良好的生活習慣嗎？

- 有按時做體檢？如何因應超標項目？

- 注重飲食健康嗎？飲食健康知識從何而來？

- 有規律運動習慣嗎？如果沒有，為什麼不？

- 知道什麼是有氧運動嗎？有什麼原理原則？

- 知道什麼是重量訓練和伸展運動嗎？有什麼原理
  原則？

- 抽菸嗎？想戒菸嗎？如何戒？

- 碰過冷暴力嗎？如何應付？

- 對別人施加過冷暴力嗎？感覺如何？

- 面臨工作壓力時，鬥志高昂還是埋怨逃避？

- 人活到幾歲最合適，為什麼？

十年後

維持健康不是為活得久，是為活得好！

快樂的第一個條件是身體健康。

——皮拉提斯，皮拉提斯運動創始者

　　三十年前台灣人均壽命只有六十多歲，過去幾年首度突破八十歲，2021更超越八十一歲，按此速度增長，很快你就聽不到人們用「長命百歲」當祝賀詞，因為活到百歲一點都不稀奇，更重要的，大家開始意識到活到老不代表健康到老，不健康的晚年不但不值得慶賀，甚至可說是悲慘不幸代名詞。

　　這正是台灣社會現況，平均壽命延長的同時，不健康壽命更大幅拉長到將近十年，比其他已開發國家長許多，代表醫療雖發達卻著重治病，不重預防，如此形成的長壽社會絕不是全民之福，因為人一旦染病不但要受長期臥床之苦，還經常因此拖累財

務和家人。

　　歐美國家，尤其北歐人民的平均壽命跟台灣差不多，不健康壽命卻短得多，這跟他們寧死也不願犧牲生活品質的生命價值觀息息相關，安樂死法制化就是其中一例，華人社會受傳統觀念影響，要從制度面做大幅改變短期內很難看見，對老年生活品質有較高要求的人需要做好準備。

　　整體健康管理就是最好的準備，通常人們退休規劃重點大都放在投資理財上，關注醫療保險的也不少，但將預防疾病當成退休生活不可或缺一部分的則少得多，聯合報退休力調查發現有規律運動習慣（每週三次以上）的年輕人不到三成，中老年稍多，超過四成，但也不到一半。

　　通常年輕人不運動是因為年輕力壯沒有立即健康威脅，卻容易因此埋下日後疾病因子；年過中年病痛上身，這時才在醫師警告下不得不運動健身，過於被動。事實是維持健康需要儘早開始，主動出擊，退休規劃如沒有做好準備，講難聽點，退休金只能用來買藥吃。

　　還有一點值得準退休族注意，有調查機構統計，歐美大企業屆齡（通常是六十五歲）退休員工餘命大都不長，退休後兩年內往生的比例更是高得嚇人，專家分析指出人在職場時責任重，許多疾病被工作壓力暫時壓下，一旦退休紛紛冒出，久未保養的身體扛不過去就形成英年早逝。

調查同時發現越早退休的人越長壽，原因不難理解，壓力是各種疾病主要媒介，但這不表示為了活久一點應該早退休，前面說過活得久不代表活得好，一切還是要從生活品質角度出發，但有一點可以確定，健康需要積累，愈早開始養成良好生活習慣愈好。

這方面健康和理財很像，兩者都不會憑空從天上掉下來，需要靠平時努力一點一滴積累，但兩者也有不同之處，累積的財富只要小心花用，不會在一夜之間不見，健康卻可能因為一場意外或大病，突然消逝，此外，金錢不會隨年齡增長而變少，健康則一定會。

正因如此，退休後花在健康管理上的時間精力，應該要遠高於投資理財，許多人卻反其道而行，如果是為滿足溫飽而無暇照顧健康那沒話說，但現今社會相對富裕，更常見的還是如之前多次提到，看不透金錢本質，被從人生上半場延續下來，追求名利慣性牽著鼻子走的結果。

身體健康外，退休後維持心理健康也是一大課題，壽命延長的結果是許多前人經歷不到的精神疾病，如憂鬱、失智等成為現代銀髮族躲不開的夢魘，打針吃藥只能延緩惡化，更重要的是及早養成良好生活習慣，和培養病識感，人生上半場擺脫不了的各種競爭壓力，則可藉由專注於職志得到緩解。

有人用數字的第一個「1」形容健康，沒有這個1，後面不管

跟多少個0都是枉然，確實如此，但話說回來，健康也和金錢一樣，功用是支持人們做想做的事，是工具，不是目標，對於生活沒有熱情和夢想的人來說，身體真的只是一副皮囊，即使壯的跟頭牛一樣又有何用？

　　想說的是，維持健康的目的是讓人活得好，有足夠時間精力去做想做的事，而不是活得久，成為人見人誇的金婆銀爺；**與其想盡辦法延長年齡數字，不如把握時間，活蹦亂跳努力實現自我！**

第**8**堂課

人際關係

保持個人獨立自主，透過和他人相互扶持、交流，獲得情感慰藉和滿足。

信任和互惠

「朋友就是，認識你以後還喜歡你的人。」
——哈巴特，作家

大家都知道，擁有良好的社交圈是提升生活品質的重要因素。朋友可以與你同甘共苦，提供情感上的抒發和慰藉，朋友也可以與你一起體驗交流、砥礪磨練某項技能，朋友還可以與你有某種共同形而上的信仰，相互分享平安喜樂，再怎麼不濟，朋友總可以陪你吃喝玩樂，共度一段美好時光。

我們如何結交朋友？回答這問題前先問一句：是否還記得之前提過的人生三個階段？對的，成長求學、工作成家，以及退休養老。在第一個成長求學的階段，交朋友幾乎是自動發生的，想都不用想。前陣子重看《歡樂單身派對》（Seinfeld）裡面有段對白：「小時候，我打開家裡大門，見到一個小孩，我們馬上結交為朋友，如果他跟我愛吃同一種口味的冰淇淋，我們就成為莫逆之交了！」這就是小孩之間的友誼。

進入求學階段，也沒什麼朋友不朋友，不就是同學嗎？當然某些同學跟你走得近些，有些遠些，但你幾乎從來不用擔心寂寞

孤獨這件事，倒是怕四周雜音太多，不得安寧，或起碼你的父母是這麼擔心的，怕你朋友太多，怕你被壞同學影響，不專心讀書。如果你的朋友或你自己因為某種因素必須轉班轉學，不管你們交情好到什麼程度，很可能就此拜拜，還來不及難過就被新認識的同學給取代了。

進入工作成家的階段後，從第一階段帶過來的朋友，除了極少例外，通常漸漸褪去，但交新朋友在這個時候依舊完全不是問題，新的社交圈因為生活形態的改變轉為以同事為主，有些人可能還會從教會、鄰居、球隊，或家長會等其他管道交到朋友。但基本上，愈是投入工作的人，社交圈就愈是以同事、客戶為主，工作成就也愈高。無論如何，在人生這個階段，手機裡記錄的電話號碼無數，名片盒也經常不敷使用。

問題來了，進入人生第三階段，也就是退休階段後要和什麼人交朋友？你如果回答：「老同事啊！」很可能會大失所望，因為除非你真的很有心培養某些可長可久的友誼，否則從工作中結交的朋友注定會隨著你離開工作而離開你，遲早而已。

你也許會說：「可以在新的生活環境中，結交新朋友啊！」是可以，但你得付出比在人生第一、二階段更多努力，而且還不見得能夠成功。原因是，「自動交友」的功能在這個階段將不再有效，尤其你是提早退休的話，這問題會更嚴重，因為和你有共同經歷的人難得遇上。

　　有鑒於此，規劃退休時就要留心目前的社交圈有哪些人是值得你付出心血，培養帶入第三階段的友誼。你若是說：「這會不會太功利了？好像有點欺騙別人感情的味道。」千萬別這麼想，刻意培養不是賄賂收買的意思，而是尋求在工作之外，兩人間共同的興趣和價值觀，並且在互惠的原則之下，相互交流影響。

　　互惠是友誼的兩大基礎之一，另一個是信任。互惠可以表現在情感、信息、理解等等不同層面，而且互惠不表示要斤斤計較，因為大部分的互惠標的物也很難用秤來量。那該如何判斷是否互惠？別擔心，你會知道的。只需要用心去感受就好，有就有，沒有就沒有，友誼這種東西沒有絕對標準，你說了算，當然對方說了也算。

　　至於信任就更不用說了，相信沒有人會跟自己不信任的人做朋友，一般來說，朋友分成兩種：藉以獲得情感支持的知心好友，和藉以獲得資訊的泛泛之交。喜歡傳遞和打聽小道消息的人看似交遊廣闊，但大都是泛泛之交，想要結交知心好友就必須主動出擊，展現出自己是個值得信任的人，而想要丟失一段友誼最有效的方法就是欺騙對方。

　　忙碌的你，或許沒有對眼前社交生活付出太多心力，也不認為這事的重要性有多高。沒關係，當務之急不是趕緊出門找幾個人歃血為盟，更重要的是檢視自己社交圈的現況，交往最密切的是什麼人？為什麼是他們而不是別人？

　　物是以類聚的，常在一起的人們，行為、思想必定相互影響模仿，如果你的朋友經常抱怨或比較，那麼你很可能也在做同樣的事而不自知。建議你，試著選擇接近較有獨立思考能力的人，他們不見得總是說你的好話，卻是真正能夠對你產生影響和幫助的人。

家人親戚

「快樂的家庭都很相似，不快樂的家庭原因各自不同。」
——托爾斯泰，作家

有一句話說：你可以挑選你的朋友，但不能挑選你的家人。東西方人對這句話的解讀，可能大不相同。西方人說這話是強調朋友是自主的選擇，價值高於家人，而東方人可能是認為既然朋友來來去去，而家人有血緣關係，所以當然更加親密，關聯性更強。

朋友的功用是什麼？專家說有三樣：

歡樂。一起消磨快樂時光。

支持。同甘共苦，不離不棄。

分享。共同的信仰、價值觀。

如果從這個角度看，家人、親戚與朋友之間有任何不同嗎？你或許會說還是有差異，有血緣關係的人相互間有一種責任託付，再怎麼看不順眼，還是必須在表面上做足功夫，何況至親之間本來就該有天生賦予，牢不可破的情感，也就是所謂的血濃於水，不是嗎？

　　這是東西方價值觀的不同，沒什麼是非對錯可言，但專家的話還是有一定道理，再親近的家人、親戚，到頭來維繫情感的仍然是前面提到的三項功用，否則就容易產生連續劇的情節：家人相爭、骨肉相殘。

　　換句話說，當進入人生第三階段，交朋友不再簡單、容易的時候，我們可以回歸血緣，讓想跑也跑不掉的家人、親戚成為社交圈的主體，但重點還是必須把他們當成朋友看待，主動付出信任和互惠，做不到這點就乾脆走開，免得製造更多令人焦躁、困擾的家庭糾紛。

　　台灣是個少子化的社會，加上競爭日益激烈，形成的現象是父母親對子女有過於呵護和過高期待的傾向。雖然我自己沒有小孩，照說沒有資格批評，但每當見到生活四周有些兩代之間相處情形時，還是會不由自主的搖頭嘆息，慶幸自己生長在一個不同的世代。

　　若是你說：「有這麼嚴重嗎？」我覺得有，過於呵護的結果正是過於依賴父母，走不出自身舒適區（comfort zone）的下一代。不願冒險、嘗試新鮮事物的人，如何認識世界、認識自己？不認識自己，如何走上自我實現的道路？不實現自我，如何成就有樂趣和意義的人生？

　　教養出的孩子過於依賴父母，有一天這些父母會發現自己也過於依賴子女。原因是，過度呵護子女的過程中失去了自我。若

是你說：「這就是母（父）愛的偉大啊！」我同意一半，因為就我觀察，許多時候失去自我並不是呵護小孩的結果，而是原因。把實現自我的責任和努力全部加諸在望子成龍、望女成鳳的寄託上，說得不好聽，是一種推諉卸責的表現，犧牲了自己，對下一代也製造更多令人焦躁、困擾的家庭糾紛。

就算不在四十五歲退休，也必定會走入人生第三階段。過於依賴子女會讓自己不敢放下眼前的東西，因此無法滿懷希望的儘早加入退休樂活一族。即使到了不得不退休的時候，如果生活重心只有子孫和電視，又如何能享受人生中最自由、最黃金的時光？家人、親戚是我們人生中重要的資產，但千萬別視為理所當然，更別把他們視為自己的禁臠。付出心力加強關係的同時，不要忘記適時放開你的雙手，給對方一個機會，更重要的是給自己機會！

另一半

「良好的婚姻需要和同一個人，戀愛很多次。」
——麥克洛林，作家

　　在所有的人際關係當中，最特別也最重要的就是你的另一半。雖然只是一個人，卻能夠很大程度的左右生活品質，你們的關係雖然不是來自血緣，而且也不是完全不可替代，但你們的親密程度超過基因能帶來的最大影響，而且替代的代價通常過於昂貴。

　　在考慮退休的時候，你和另一半的關係更是重要。所有的調查研究都說，一旦退休，夫妻之間的感情只有兩條路可走：退休前感情不錯的，退休後會愈來愈好；退休前感情就不怎麼樣的，退休後會愈來愈壞。造成這個現象的原因有兩個：縮小的空間和拉長的時間！退休前，你們倆各忙各的，每天可能在各自的兩、三個不同空間中度過，交集不是很多，退休後，大部分時間你們夫妻倆都在空間有限的家中大眼瞪小眼，「朝夕相處」的結果就是「同性相吸或異性相斥」。

　　在我認識的人中就有好幾個例子。有一位退休後本來打算好

好在家中享享清福，無奈早已經把家當成自己地盤的老婆，怎麼看他都不順眼，經常耳根無法清靜，最後他乾脆重回職場，延後退休時間。另一位，退休後經常穿條內褲坐在電視機前，不愛看電視的另一半每次經過從不嘮叨，只是看他一眼，不久之後，他也出外找了兼差工作，原因是受不了那種眼神，感覺自己像個窩囊廢。

如果你說：「不待在家裡總可以吧，和以前一樣經常和朋友相聚就好啦！」前面說過，進入退休階段，老同事必將漸漸褪去，除非付出許多額外努力，否則生活空間必定受到擠壓變小。

旅行是許多退休族群最愛的活動，而旅行也是最考驗同行者之間感情深厚程度的試金石。和不合的人出遊是一種折磨，反過來說，和能夠相互妥協互補的人一起出去玩，你們的感情會變得更加親密穩固。

我自己因為沒有這方面的問題，所以以前常低估它的負面影響。在公開場合討論退休規劃時，大夥總是聚焦籌措退休金的問題，但後來好幾次有人私下跟我說，其實錢不是最主要的，關鍵還是不知道該如何解決「大眼瞪小眼」的問題。另外，還有人自認已經準備好進入人生下半場，卻得不到另一半的支持。如果你覺得投資理財準備退休金很難，或許應該嘗嘗這種有苦說不出的真正苦難。

難道退休前和另一半關係不是太好的人，面對的只有死路一

條嗎？倒也未必，和你如何處理這件事的態度有很大關係。有可能你們夫妻倆以前都太忙碌，以致雙方認識不清，退休後反而是好機會讓你們重新彼此認識、建立關係，但別忘了，互惠和信任是所有關係的基礎，而且要主動出擊。

　　我曾經在一本書上讀到：「試想，等到你們夫妻倆都進入老年健康衰弱期，較健康的那位勢必需要照顧行動不便的另一半，提供照顧的那位需要付出的愛心和耐心，遠遠超出我們對好朋友的要求，而被照顧的另一半，需要付出的自尊和信賴也遠遠超出我們對好朋友的期待。」想清楚這點，看看你未來的老伴，從現在開始就別忘了經常對他（她）表達，你的欣賞和感激！

享受獨處

> 「除非你正在向下沉淪，否則一個真正的朋友絕不會阻擋你的去路。」——格拉索，作家

　　講了那麼多和他人的相處之道，我們卻經常忽略和自己的相處之道。專家說：造成人們寂寞孤獨感受的，經常都不是缺乏他人的相伴，而是自己內心缺乏足夠的自尊和自信。寫《湖濱散記》的梭羅就說過：「城市就是這樣，千百萬人住在一起，過著寂寥孤單的生活。」

　　還有一句話是這麼說的：「人最大的問題是不懂得如何和自己相處。」退休提供我們絕佳機會去提升這方面的能力，退休意味著運用時間和空間的極大自由，想做什麼就做什麼；反過來說，不想跟誰在一起就不跟誰在一起。一旦習慣獨處，你會發現好處多多，你可以更加專注傾聽自己內心發出的聲音，於是更加了解自己的七情六欲和價值體系；你可以更致力於職志，為自己創造豐沛充裕的「喜悅」。

　　如果偶爾感覺寂寞孤單，何不把它當成一種享受？從小到大我們有多少機會真正處於獨處的狀態？讓一個在吵雜、紊亂環境

待久的人，突然來到一個平靜無聲的地方，他會很不習慣，甚至感到不安。但這可不代表平靜無聲是不好的事，而是我們自身出了問題。利用退休後的種種自由練習獨處、享受獨處，方法就如同我們在第六堂課：〈職志〉中提到的探索自我和享受創造，經由自我實現的過程，提高自尊和自信。

另外在第五堂課，我們曾談論到閱讀能幫助形成獨立自主的精神世界。一般人生活雖然忙碌，但總有一些片段的閒置時間，譬如在銀行、醫院等待，或排隊搭車等等。許多人用無所事事、打電話聊天，或隨意瀏覽手邊的報章雜誌度過。建議你隨身帶本書，逮到任何機會，哪怕只看一兩頁都好。養成閱讀習慣，獨處時不但不再令人討厭，甚至令人期待。如果有隨時隨地塗塗寫寫的雅興更棒，說不定某些很棒的靈感就這麼產生了。

若是你說：「長此以往，會不會變得愈來愈孤僻？」完全不用擔心，反而是愈懂得獨處的人愈合群，因為擁有足夠的自尊，他不會想要刻意取得他人的注意和尊重，於是愈能自然展現對他人的信任和互惠。得不到相應的對待也無所謂，因為他樂於獨處。反倒是，在我們四周常可以見到一些人夜夜笙歌，這種人最容易被孤獨所苦。宴席總有結束，人群總有散去的時候，這時就是害怕獨處的人噩夢的開始。

無論你和誰相處，都不要和消極悲觀、喜歡抱怨的人相處，因為就像這些人天生的職責一樣，他們會盡最大努力把你拖到跟

他們一樣的境地。若是你說：「不會的，他們是我的朋友，我要幫助他們。」你的心腸很好，但注定失敗，因為這樣的人除非哪天自己想明白，否則別人是幫不了忙的。要幫助只有一個方法，就是讓自己加入他們的行列，而這也是他們最希望看到的事。

　　你如果發現老是交不到新朋友，身邊的老朋友也在流失當中，只剩下幾個愛抱怨的人時，非常有可能你自己就是一個消極悲觀、喜歡抱怨的人。當你和僅剩的幾個死黨在一起時，就像是一場抱怨大賽，整個世界被你們批評得體無完膚，因為全世界都對你們不公不義，虧欠多多。想辦法讓自己跳出這樣的泥淖，做法是置之死地而後生，遠離那些僅剩的朋友，重新開始接近心胸開闊，能帶給你希望和歡笑的人。

社交網站

「找不到時間休閒的人，遲早會找到時間生病。」
——瓦納梅克，商人

　　自從電子郵件被人廣泛使用之後，人跟人之間的溝通、互動就進入一個劃時代的新境界。以前因為被距離阻隔的親朋好友，透過電郵能夠輕易的重新取得聯繫，而且只要願意，可以隨時隨地和天涯海角的人即時對話。接著，大家不再滿足於只是和舊識聯繫，還想結交氣味相投的新朋友，於是又有以聊天為主的電子平台，許多人廢寢忘食流連其間，認識他人的同時也向世界展示自己。

　　社交網站最登峰造極的發展是「臉書」（Facebook），說它登峰造極恐怕言之過早，畢竟全世界人口數已經突破七十億（截至2021年11月到達七十九億），誰知道下個階段的發展是否能讓更多人加入旗下。毋庸置疑，社交網站擴大了許多人的社交圈，拉近了許多人和人之間的距離，但重點是：你真的覺得透過社交網站，和別人的情感交流會變得更親近，內心會因此感到更充實溫暖嗎？

　　這個問題的答案或許會因為不同的生活環境，和期望程度而有所差異。我自己的經驗是：有限！尤其是考量到花費的時間和精力，常有不值得的感覺。網站當然有好處，可以讓我們不費力氣的找到許多有用的信息，但單純從交朋友的角度來看，網上交流通常流於浮面，雖然可以讓自己被千百人緊密包圍，但依然無法感受到真正的內心觸動。

　　退休以後，因為生活圈的縮小和自由時間的增加，很容易投入社交網站的花花世界，與人對話交流無可厚非，但太多瑣碎消息、笑話傳遞、聊天打屁，實在對提升生活品質幫助不大，還不如到住家附近菜市場，和活生生的人聊點活生生的菜價、天氣來得生猛有勁。

　　倒是有一個退休後很值得你開發的社交資源，就是你的老同學，也就是在人生第一階段所結交的朋友，即使失聯多年，但兒時和學生時代的情感最單純直接，重續前緣通常都很順暢自然。就把它當成一個尋根之旅，老友相見除了敘舊外，經常還有意外收穫，那就是藉由對方的回憶而對自己產生更多了解。這一方面是因為別人眼中的你，本來就和你所認知的自己不太一樣，更重要的是，或許多年來的人情世故讓你早已遺忘掉真實的自我，而你的兒時玩伴倒是記得清清楚楚。

　　退休之後，我的社交生活在數量上比以前少了，但在質量上卻進步了。以前還在江湖中時，與人交往經常是不得不然，而且

習慣性的考量許多像是利害關係、階級尊卑、面子排場這些東西。現在雖然還不至於把道德禮儀完全拋諸腦後，但基本合則來，不合則去，不需要刻意經營維持一個「有利」的社交圈，反而省下時間、精力和真正值得的人，哪怕非親非故，或只是萍水相逢，真心誠意交流切磋，不亦樂乎！

　　總之，作為退休規劃的一部分，在處理人際關係上你需要做的第一件事是，取得另一半的全心支持。除此之外，你要考慮眼前社交圈中哪些人值得你帶入下個階段，這些人顯然不是開口閉口都是和工作相關的人，更不是喜歡抱怨的人。你也需要考慮退休後可以加入和興趣、信仰、志工等等相關的團體；你還可以試著列出一張，在有充足時間時希望「尋根」的名單。此外，最重要的是讓自己走上自我實現的道路，和自己做朋友，享受獨處的同時也樂於親近他人，更讓人樂於親近。

課後自省

- 偶爾會感覺寂寞孤獨？寂寞時做什麼？
- 人需要幾個知心朋友？有幾個知心朋友？
- 能為朋友保守祕密嗎？朋友能為我保守祕密嗎？
- 有多少兒時（學生時代）玩伴現在還有交往？如何維繫感情？
- 和朋友相聚玩樂的時候，會聊一些較私人或牽涉到價值觀的話題嗎？
- 跟另一半的關係好嗎？如何改善？
- 身邊有愛抱怨的人嗎？
- 自認是個愛抱怨的人嗎？
- 喜歡跟什麼樣的人親近？自己是那樣的人嗎？
- 偶爾不得不獨處時，會做什麼事？
- 會刻意安排獨處時光嗎？為什麼？
- 上社交網站做什麼？期望從社交網站得到什麼？

十年後

所有人到頭來都是一個人

將家人連結在一起的不是血緣，是相互之間的尊重和喜悅。
——巴哈，小說家

　　從退休規劃角度看，這堂課似乎沒有太多準備工作可做，一旦真正退休，最先感受到準備不足的卻很可能是這堂，離開職場後生活圈一夜之間產生巨大改變，雖然不見得都是壞的，但只要是改變就需要花力氣適應，如果適應不良，期待中的美好生活可能反令人失落沮喪。

　　改變發生在和原來熟悉的社交圈脫節，上班族的世界圍繞工作打轉，離開職場要維繫和老戰友關係難度很高，原因是退下來後會漸漸發現，你不是原來的你，他們也不是原來的他們，少了工作這個粘著劑，結合不易。

少了老朋友，有人說要努力結交新朋友，我同意一半，朋友多很好，但無需為怕孤單而交朋友，現今社會要擴大連結方法很多，保持自身不斷學習成長，比有一群常在一起吃喝的朋友重要。還有人說要盡量和年輕人交朋友，我也覺得沒必要，所謂友直、友諒、友多聞，交友和年齡無關。

過去幾年我從旅行中結識一些朋友，一方面有共同興趣，自然容易聊在一起，更重要的是我發現和愛旅行的人相處，既能共歡樂，也能共患難，即使只是萍水相逢，既能把酒言歡，也能掏心掏肺，有幾個這樣的朋友，比有一堆可以聊天打屁，但並不真正關心你的朋友強得多。

改變也發生在退休後和原來「交往」不多的家人關係更加緊密，更長的相處時間對某些人來說如魚得水，對另一些人則可能是一種負擔，甚至苦難，如果沒有心理準備，退休生活品質必受影響。第四堂課中提到生活需要斷捨離，重點之一正是包括家人在內的人際關係。

其中重中之重必然是和另一半的相處，過去幾年常有人寫私訊問我這方面有問題怎麼辦？我除了勸對方努力改善經營外，其他辦法不多，這幾年見多負面案例想法有所改變，退休後人生還有幾十年要過，如果學業，事業都可以打掉重練，重新再來，感情有何不可？

夫妻之間關係不睦能修補當然最好，難修補但可以相互尊

重，各過各的也還能接受，否則乾脆長痛不如短痛，離婚、卒婚、分居等都是選項，時代不同了，不需在意外界眼光，但必須把子女關係、財產分配等議題整理清楚，退休不是人生尾聲，是新階段開始，要讓它清清爽爽開始。

至於和父母、子女相處，華人傳統觀念家庭是互助團體，演變至今，不少中壯年被照養年邁父母或自立能力不佳子女壓得喘不過氣來，個人認為不管身為人子（女），人父（母），該盡的責任一定要盡，超出部分則需量力而為，底線是不要賠上自身追求人生理想機會，這麼做不是自私，是為人生負責。

改變更發生在獨處時間大幅增加，這點同樣可能是受人歡迎，或令人害怕的改變，通常事先有規劃的人迫不及待展開新生活，但如果退休是在被動，甚至被迫狀況下發生，很容易對突然空閒下來的生活感到手足無措。

這時有些人會把注意力從工作轉為投資理財，因為它給人一種繼續為生活打拚的假象，但事實是，雖然兩者目的都是賺錢，但通常工作愈努力，錢賺得愈多，理財則和努力沒有必然關係，退休後把過多精力花在此，輕則浪費時間，重則賠光退休金。

獨處的不二法門是從事職志，一頭栽進會做，喜歡做，又有意義的職志世界，獲得的回報不是金錢（或者該說不是目的），而是源源不斷的平靜喜樂和成就感，以及更好的人際關係，更高的生活品質。

每每說到這點總有人說：「我的職志就是投資理財啊！」如果你真的這麼認為我無話可說，但據我觀察，多數這麼說的人只是對自己認識不足，不清楚除了金錢外能令自己安身立命的事物，離開職場後將重心放在理財上，以為保持生產力，其實不過玩金錢遊戲而已。

與家人親友相處是生活一大樂事，前提是要有類似價值觀，而不是抱團取暖，退休後無需考慮利害關係，更要做到人際斷捨離，空出心思時間做想做的事。老伴、家人、朋友陪自己走一段人生，感謝、感激！**但別忘了走著走著終究是一個人，務必善待那位永遠不離不棄的朋友：自己！**

第**9**堂課

選擇居住地

優化生活形態，改善財務狀況，

滿足好奇心和求知欲。

一動不如一靜？

「只有健康身體不夠，你需要相配合的心靈才行。」
——艾庇提特斯，哲學家

選擇退休後居住地的重要性，很可能遠超出你的想像。

幾個原因：一是之前我們說過，要想清楚退休以後的生活內容，而居住的地點很大程度決定你的計劃是否能夠實現。除此之外我們也提過，在食衣住行日常消費當中，住是最花錢也是最能影響生活品質的項目。再從理財投資角度來看，近年來愈來愈多的金融和社會學專家建議，以改變居住地的方式來籌措退休需要的資金。

亞洲人對家庭看得很重，碰上需要做出取捨時，往往考量家庭整體超過個人利益，而且對家的理解通常和無法移動的土地，以及建築物本身（祖厝）脫不了關係。若是你說：「不會吧，那些是農業社會形成的舊思想，現代人想法早就變了。」但事實是，「父母在不遠遊」、「有土斯有財」等相互交織形成的傳統價值觀，從沒有從潛意識中完全消逝，也因此許多人把改變居住地當成人生大事，除非絕對必要，通常選擇一動不如一靜。

如果暫時把這些傳統觀念放一邊，讓我問你一個問題：為什麼要住在現在的地方？我猜你可能會愣一下，一時不知該如何回答。這很正常，因為人們平時很少考慮這件事。稍加思考後你也許會說：「因為我要在這個城市工作，我的小孩要在這裡上學啊！」或是：「我在這裡出生長大，家人、親戚都在這裡啊！」或是：「我的朋友、社交圈都在這裡啊！」或是：「我在這裡買房子啊！」或是：「我需要在這裡接受醫療照顧啊！」每個理由都正當有理、強而有力，但，真是這樣嗎？

上面任何一個理由不能被妥協或改變嗎？答案是：當然可以！否則也不會有那麼多人離鄉背井搬到另一個城市或國家長期居住。人們移動的原因是什麼？各自不同，但起碼在我四周看見最多的是因為兩件事：錢（工作、投資）和下一代（教育）。不是說這兩個理由不好，但有多少人因為追求更適合自己的生活方式，而移動居住地？又有多少人純粹只為滿足自己的好奇心和求知欲，而移動居住地？答案是很少！為什麼不呢？

相信大多數人在面對這問題時都有充分的理由，我不是暗示你現在的居住地一定有問題，只是建議你沒事的時候想想這件事，做做白日夢、挑戰自己，搞不好某些能夠大幅改善生活品質的想法就這麼冒了出來。過去幾年，我和許多人就這個問題有過很有意思的辯論，得出的結論之一就是：人們對居住地選擇的問題經常缺少深思熟慮、自相矛盾，自我設限的情形屢見不鮮。

理想退休城市

「美國是我的國家，巴黎是我的家鄉。」
——葛楚史丹，作家

　　這世上沒有一個完美的退休城市，原因是每個人追求的生活形態不同，即使同一個人，在不同年齡也有不同的需求。而在這些之外，人們還有好奇心，喜歡新鮮刺激本來就是人的天性，否則辛巴達就不會一而再，再而三的出海冒險了。

　　我退休前的最後一個工作在北京，住的是公司租的房子，正式離職前我們夫妻倆為以後住哪做了許多功課，包含利用出差和渡假的機會考察許多不同城市的住家環境，其中當然也包括家鄉台北。最終我們選擇繼續留在遠在天邊，近在眼前的北京，原因很多：新舊交雜、高速變化、北京奧運、物價低廉、人文薈萃、親友造訪等等。當然，北京也有許多值得詬病的地方，譬如空氣污染、交通紊亂、言論受限等等。但是，如前所言，這世界上沒有一個完美的退休城市！

　　住屋部分，我們選了一個靠近城市外圍但離交通幹線不遠的房子。在此居住將近四年，不斷摸索生活需求，調整生活內容，

盡量利用這個城市能夠提供的長處，避開它的缺點，真的躲不掉就一笑置之。事實上，四年當中北京愈來愈國際化和現代化，城市規模愈來愈大，物價愈來愈高，空氣交通愈來愈差，而親身參與和目睹種種高速變遷的過程令人興奮感慨，眼界大開。

　　之前提過，我發明了一個「大窩小窩」的理論，退下來的第一年我倆旅行天數加總大約一個月，後來次數雖然沒有增加，但心態改變成「換個地方過日子」，拉長每次旅行時間，總天數漸漸增加到每年三個月。北京依舊是大窩，但顯然已經不是一個無可替代的大窩，而且住久了以後新鮮感逐漸褪去，於是開始籌劃挑選下一個大窩的地點，幾經考量，最後選定高雄，並且在一年多前搬來這裡。

　　大部分台北的親友難以理解，我為什麼要去人生地不熟的高雄。以前讀書和當兵在南部待過，但都不在高雄。其實對我來說，回到台灣就沒什麼熟不熟的問題，在書上讀到一位即將退休的日本東京人決定搬到日本鄉村，親友不看好他能適應，面對質疑，他說：「我工作外調海外三年，連外國都能適應，何況是本國的另一個城市？」台灣南北差距再大，能有多大？何況有差距難道不是更有趣嗎？

　　我倆的決策過程首先考量家人，所以決定回台灣，其次考量生活內容的多元性，於是決定住城市而不是鄉村，接著考量物價、氣候、環境和休閒程度，因而剔除台北，再考量交通便利

性，最終鐵路、捷運和機場連成完整網絡的高雄雀屏中選。一旦決定城市後，其他都很簡單，過去十年搬十次家搬出了心得，生活中最難以割捨的只有人，其他都是身外之物，即使房子也不過就是個殼，只要對身外之物不太過依戀，搬家有什麼難的？

接著趁回台探親的機會跑了兩趟高雄，第一次只是走馬看花看看大環境，第二次事先約了仲介看房，其中一戶大致符合需求，回北京和仲介通幾個電話就決定搬了，那時候我在高雄認識的人連市長在內（她不認識我）加起來也不超過五個。住進來後才發現這房子有一些像是採光不足、停車位狹窄等缺點，但碰上不預期的問題本就在預期之內，天下本就不存在完美。與此相比，南台灣的好氣候、好人情，不經意碰上的各式餐館小店，鄰近縣市的小鎮漁村等等，都為每天生活不僅帶來預期之內的愉快，更有預期之外的驚喜。

保持移動性

> 「除非能提供我們身體和心靈所需要的溫暖和食物，否則一棟房子就稱不上一個家。」——富蘭克林，政治家

　　有人說我們倆像楊過和小龍女，我不確定那兩人做過些什麼，但很清楚自己所追求的是「移動性」（mobility）的最大化，這方面當然有賴於退休所提供的空間和時間自由，但也有人說，除此之外還需要沒有子女才能做到。對這說法我並不完全認同，自認為最重要的因素在於兩點：自發性簡樸和不自我設限。

　　還有人說我買賣房產太過草率，高雄房價過去很長一段時間沒有增長，不值得投資。我的確不是房產專家，過去買賣房產賺錢和賠錢的機率是各百分之五十，和瞎矇沒啥兩樣。

　　沒錯！買房和搬家都是人生大事，需要謹慎再謹慎，但有一件事可以確定，那就是時間不等人。如果什麼事都要等到如何如何以後，才怎麼怎麼的話，大概啥事都不會發生。太多時候我們算盡機關總也算不過天意，如果反因此錯過精采生活，那才真的是得不償失。換個角度看，這些看似嚴重複雜的事情，在跳出世俗眼光真正搞清楚自身的價值體系以後，或許其實並不如想像中

的那麼嚴重複雜。

另外有人警告我，高雄有空氣差、水質差等等問題，我開玩笑說，之前住北京經過千錘百鍊，早就已經百毒不侵。但有一點我必須承認，那就是台灣南北之間差距比我原先預期大。不是客觀環境的差異，而是人的想法，也就是所謂的意識形態。照說台灣不大，交通又發達，但是南北間的歧見隔閡大得讓人不知該啞然失笑還是搖頭嘆息。

南部人更喜歡南部溫暖的氣候、濃厚的人情味、休閒的生活空間，和較低廉的物價；而北部人更習慣快速的生活節奏、豐富的文化活動、充足的教育和醫療資源，以及五光十色的國際都會感。無論雙方多麼的相互不認同，多聽兩面之詞只是更加證明一件事：每個地方都有它的長處，也都有它的侷限！哪裡不是這樣？人們對不熟悉事物容易產生排斥，經常都只是因為缺乏相互了解和欣賞。

在第五堂課中我們談到旅行的功用，除了好玩以外，還能擴大視野、增廣見聞，而這正是消弭意識形態最有效的手段。曾經有台大校長勸告學生，除非有像是「壯遊歐洲」這類好理由，否則不要蹺課。這個說法受到部分家長和媒體的反對，認為是鼓勵「小孩」不守規矩。我倒是舉雙手贊成，面對陌生事物，多接觸才能增進理解和包容，年輕時養成旅行習慣能培養世界觀，加強日後生活中的移動性，大大拓展整體人生的廣度和深度。

　　其實，我一向不是個喜歡改變環境的人，工作關係得以生活在多個不同城市，每一次不得已的變動其實都是一次不小的掙扎和挑戰，但隨著經驗的累積，每次的困難程度有所降低而愉快感有所增加，隨著對陌生人事物理解與欣賞能力的改善，漸漸不擔心來到新環境會水土不服。倒是對離開一個舊地方比較難以割捨，但人生經歷本就不該受限一地，該割捨時就不要猶豫不決，屬於你的經歷永遠都是你的，相較之下，其他都不是那麼重要。

　　作為眼前的大窩，高雄會維持多長時間我不確定。事實上，我倆已經開始下一輪的規劃了。能確定的是，人生總是在向前行，只要保持一顆好奇心和求知欲，事事惜福，拿得起放得下，這條道路必定充滿驚喜和奇妙！至於「有土斯有財」，或是「生於斯、戀於斯、耽於斯、死於斯」這類傳統觀念，我相信老祖宗遺留下來的智慧必定有它的道理，但生活在二十一世紀的我們，難道不也該做出與時俱進的調整嗎？

移動式理財

「太棒了，我在臨終前將錢花完了！」──王爾德，作家

　　選擇居住地對於退休理財有非常重大的影響，先講房屋本身。退休之後將房貸還清，可以讓你每個月省下一筆不小支出。隨著子女的長大成人，你可以考慮換一個較小的房子，於是相關稅金和管理費用都可以降低，還因此減少清理房屋所需的時間和精力。你或許還可以把原來較大的房子出售或出租，增加可以為你生財的資產規模。

　　更大的影響是換個城市居住，不需要固定上下班讓你有自由挑選更合適生活形態的地點，考量的因素可以是物價、氣候、休閒程度、空氣、交通、社群活動等等，這麼做能使你在理財規劃上擁有很大的彈性空間。用一個例子來說明：甲住台北，自用屋市價兩千萬元，將房貸和其他資產相抵後，甲擁有的資產總額大約就是兩千萬元。乙住高雄，自用屋市價七百萬元，無房貸，連同其他資產乙身價也是兩千萬元。甲和乙誰有條件退休？

　　答案很清楚，是乙。因為他擁有一千多萬元能夠為他生財的資產，每個月花費之外，還有剩餘儲蓄轉投資。甲呢？他如果退

休馬上進入坐吃山空的狀態，恐怕過不了多久就得被迫重回工作的行列。但是如果他願意搬到高雄（或其他縣市），情況立刻改觀。他可以賣台北房買高雄房，於是就和乙的處境相同，他也可以出租台北房然後租高雄房，因而確保台北房價可能增值的獲利機會。換句話說，只要他願意，選擇空間比乙還要寬廣。

如果你問：「如果搬到高雄，居住品質是否會打折扣？」放心吧！純就生活環境和房屋品質來說，三分之一價格的高雄房必定好於台北，更別說其他縣市了。我們現在講的都還是台灣之內，我有位親戚最近在台北買了間三房公寓總價三千萬元，我算了筆帳給他聽，三千萬台幣就是一百萬美元，擁有一百萬美元可以讓你住在哪些地方？答案是：全世界愛住哪就住哪！想想看，世界任你趴趴走，而且住家品質極可能更好，不心動嗎？

如果你認為：「還是不想動，沒辦法，習慣了，這裡太方便、東西好吃、電視好看，而且家人親戚、社交圈都在這，離不開啊！」也可以！但你真的覺得這些理由都完全無法妥協，或被其他事物取代嗎？如果換個角度思考這件事，第六堂課〈職志〉中我們談到幸福生活的要件是，適度有節的愉快加上豐富充裕的喜悅，考慮這些以後，你還是覺得沒有選擇的餘地嗎？如果答案依然是否定的，沒問題，個人選擇無關對錯，我只是希望你給自己一個挑戰的機會，不要把事情想得理所當然。

年輕人愛湊熱鬧就算了，許多銀髮退休族還是堅持生活在吵

雜混亂的都市，就有點說不過去了。理由通常都和子孫脫不了關係，一種是打算把房子留給子孫，所以不願意處理房產，也因而失去移動的能力。第二種更普遍：必須居住在距離子孫夠近的地方！我們之前討論過，天下父母心，總希望錢留子孫，這是個人價值無可厚非，但如果成了無底洞，犧牲自己，對子孫也沒有好處，甚至還可能造成家庭糾紛。

希望接近子孫當然是人之常情，但或許人們該偶爾反問自己：我想接近他們，他們想接近我嗎？在上一堂課中我們討論過，不要把家人、親戚視作理所當然，而要當成朋友，想親近朋友最好的方法是讓朋友想親近你，也就是讓自己成為一個自尊自信、心胸開闊，又有趣有料的長者。真能這樣，就算住得再遠子孫也會想辦法來找你；反之，過於依賴子孫，就算住在同一個屋簷下也不見得和樂愉快。

如果把這種移動式理財法推到極致就是所謂的「破產上天堂」：在臨終的那天把所有財產花光。這被許多人認為是退休理財的最高境界，有些國家鼓勵銀髮族抵押房產以籌措養老金，聽說台灣也在考慮跟進。你要是能接受這個觀念，退休門檻就會大幅降低；但如果覺得太過激進冒險也沒關係，拿捏可接受度不要太過保守就好。無論如何，在做退休規劃的時候，務必要把選擇居住地列入考量，好好挑戰自己。你會發現許多東西和表面看來其實不完全一樣。

跨出舒適區

「一個不斷犯錯誤的人生，比一個什麼都不嘗試的人生更有用，也更榮耀。」──蕭伯納，作家

我們希望儘早退休的目的是為了自由自在，海闊天空的做自己想做的事情，那事情絕對不是坐在電視機前消磨時光，而是透過造訪陌生地方、嘗試新鮮事物、結交不同人物，以對外在世界有更深入的認識與理解，並反射回自身，產生對自己內心更深入的認識與理解。這其中的關鍵正是走出熟悉無奇的舒適區，冒點風險、嘗點新鮮，看看自己究竟有什麼能耐，以及這些能耐的極限在哪裡。

第一次看到舒適區這個詞，是在《誰搬走了我的乳酪？》（Who Moved My Cheese?）這本小書描述兩隻老鼠原本住在充滿可口乳酪的環境，衣食無缺，突然一天一覺醒來所有乳酪全不見了，等了幾天後，其中一隻老鼠決定挖出塵封多時的跑鞋，走出熟悉環境去找新的乳酪，而另一隻愈想愈氣，平常既對改變沒有準備，又擔心害怕外在陌生環境，於是決定留在原地繼續等待偷走乳酪的人良心發現，物歸原主。

故事結局不難猜想（第一隻老鼠找到新乳酪並且幫助了第二隻），但這故事最大的啟發並不在結局，而是第一隻老鼠在尋找新乳酪過程中所經歷的種種。這些經歷必定帶領牠來到許多新的地方，認識許多新的事物，碰到許多挫折的同時也獲得許多樂趣，並且從一次次嘗試中認識到自身特點和無限可能，結局是成功或失敗也因此變得不是那麼重要。

試想，如果第一隻老鼠運氣奇差，在經過許多努力後最終沒找著新乳酪，而第二隻運氣奇佳，在成天自怨自艾之餘，真的盼回原本的乳酪。即便如此，你希望過的是哪一隻老鼠的人生？

退休給我們人生第一次，也很可能是最後一次自由選擇居住地點的機會，不善加利用這個機會太辜負自己。你以前離開家鄉必定有一個特定的目的，可能是渡假、出差、讀書或工作，現在你唯一的目的是體驗和享受生活，想想因此而能產生的心流，帶來的喜悅。若是你問：「難道沒有風險嗎？」當然有，雖然我們從小被教育要盡量躲避風險，但事實是，毫無風險的人生沉悶無趣。

若是你再問：「碰上挫折失敗怎麼辦？」不怎麼辦。失敗的前提是嘗試，不嘗試才是永遠無法彌補的失敗。以前常有上班族問我有關職涯規劃的事，我都說如果有機會外調，千萬不要錯過，不能調外國，就調其他城市，沒有機會就想辦法創造機會。常住一地和到此一遊是兩碼事，常住才有機會融入，融入才能理

解，理解才有包容和學習。跨出舒適區的第一步或許艱難，一旦克服就會發現樂趣無窮，養成積極嘗試不怕失敗的習性以後，無論碰上多少問題、多大難關，都能泰然處之。

當然，家鄉永遠是家鄉，是我們安身立命、魂牽夢縈的地方，到頭來不管是因為老年醫療、照顧親人，或其他心理情感因素，我們很可能還是會落葉歸根。但在那天到來之前，既然藉由退休這件事情，世界為我們張開雙臂，我們為什麼不熱情的擁抱世界呢？作為退休規劃的一部分，我建議你盡量擴大退休後居住地的選擇範圍，和另一半相互挑戰所有限制移動的合理性，做出最符合個人和家庭利益的抉擇。

回台後我經常到校園和即將畢業的大學生座談，有次有一位學生告訴我，他已經成功申請上海一所著名大學研究所，並且和父親一起親自跑了一趟看環境，結果發現學生宿舍冬天洗澡需要自己挑熱水，父親因此勸他放棄，他問我看法如何。這番話聽得我當場愣了一下，反問幾個問題後才確定沒有聽錯，我不知道他是否異於常人的特別厭惡挑水，或異於常人的特別聽他父親的話，如此這般缺乏主見、自我設限的年輕人，和如此這般過度呵護已成年子女的家長，確實讓我感覺不可思議。

總之，我沒正面回答，只要他想清楚自己的理想和目標。有意思的是，當後來我把這事當成奇人奇事向其他人轉述時，有些人覺得很正常，沒什麼好奇怪的。或許吧，是我大驚小怪了，但

有一點我敢打包票，如此定義自己的舒適區也許能讓這位年輕人（以及他的家長）獲得比較安全方便的生活，卻絕不可能導致一個有價值、有意義，更別說有樂趣的人生了！

課後自省

- 為什麼居住在目前的地方？
- 如果能自由選擇，會繼續住在現在居住的地方嗎？
- 會為了小孩教育而學孟母三遷？
- 如果喜歡某個旅遊景點，會想常住在那裡？如果不想，為什麼不？
- 台灣南北之間差異很大嗎？差異在哪裡？
- 造成人與人之間隔閡、誤解的原因是什麼？
- 離開熟悉的生活環境，會擔心害怕還是興奮好奇？
- 打算把房子留給子女嗎？
- 子女期待你把房子留給他們？
- 適應新環境最大的障礙是什麼？
- 會不考慮未來價格漲跌而購買房產？
- 同意「人不輕狂枉少年」這句話？

十年後

此處不留爺　自有留爺處

活的時候有錢比死的時候有錢好。——強生，詩人

過去十年改變最大的可能是這堂課，邏輯和原則沒變，所處環境大不同，《45歲退休》中建議大家儘早買房，如今房價飛漲速度遠超收入增長，買房對許多上班族來說，從十年前的「吃力」轉變成如今「不可能任務」，如果硬要在力有未逮狀況下置產，往往犧牲過大。

年輕時可以租房，但租屋市場對年長者不友善，而年輕人會變老，長久租房顯然不是理想選項。有些人可繼承祖產，雖然可能因此造成部分生活受人制約，仍不失為一個妥協之道，但不可因此產生依賴心理，不管房產最終歸誰名下，人生永遠只歸自己

名下。

　　為人父母者，協助子女付購屋頭期款無可厚非，但要符合兩個前提，一是有能力，千萬不要動用自己的養老經費，否則辛苦的可能不只一代，而是兩代人同時被拖下水。二是有意願，錢是自己的，當然該花在自己身上，記得之前提過的「破產上天堂」嗎？再次強調，幫子女買房不是父母義務。

　　無法繼承又實在買不起房怎麼辦？那就要有「此處不留爺，自有留爺處」的打算，通常人們買不起的是心目中理想地點的房產，將選擇範圍放寬就買得起了，如果認為無法放寬經常只是自我設限，人的適應力很強，不試不知道，一試能把自己嚇一跳。

　　不願改變生活環境的原因百百種，大多和恐懼未知有關，其實越願意移動的人越不怕移動，因為一旦克服移動初期的困難挑戰，會發現陌生未知不見得總是毒蛇猛獸，有些甚至是珍貴寶貝，不少年輕時因學業事業不得不到外地打拚的人，退休後不回老家，選擇留在當地養老，原因在此。

　　前陣子看到一則報導講香港人退休後的理想移民國家，評量標準包括醫療保健、住屋成本、退休人士福利、生活成本、發展程度、氣候、政府管治、融入社會、娛樂及獲取簽證難易度等十個項目，相當完整，排名前十包括歐洲（如葡萄牙），亞洲（如馬來西亞），中南美洲（如巴拿馬）等國。

　　類似調查很多，只要把香港改成美國、日本、德國等不同國

家，Google一下就可看到各種結果，但卻不包括台灣，原因可能是沒有做過相關調查，更可能則是做了也沒用，因為多數退休族根本沒想過要離開，台灣確實有健保等諸多宜居條件，移民意願低，但人們缺少移動力應是另一關鍵。

事實是移動力可以培養學習，但要儘早開始，晚了來不及，鼓勵年輕人往外走原因在此，走出去如果對學業，事業有幫助最好，即使不行還是賺到視野和生活能力，走出去不代表非得留在國外，但在面對如職場低薪等不合理現像，以及日後選擇退休地點時，可以大幅提升生存應變能力。

講半天，你可能會說「幹嘛非叫我搬家」？倒不是這個意思，個人選擇無關對錯，只是想說明，如果移動，帶來的效用經常超出人們想像，例如之前提到房價太高的問題，如果願意搬到房價較低地點，不但解決住房問題，還可能提升生活品質，如不想換國家也可考慮換城市。

以我為例，常有人問為何能在四十五歲退休，我說可以花三天三夜還解釋不完，也可以用一句話說明，那就是「我努力工作，簡樸生活啊」！如果對方再問：提早退休竟然還能到處旅行，錢從哪來？我同樣可以用一句話總結：那就是「因為我選擇異地退休啊」！

不管移動或不移動，重點是擁有選擇的權利和能力，而且千萬別依賴外界，不管是對人或地的依賴，不依賴才能海闊天空，

也才能享受獨處。這方面的能力和適應陌生一樣，需要儘早開始培養，一個有依賴習性的年輕人，進入中老年絕不會自動變得獨立自主。

過去兩年Covid-19迫使許多人WFH（在家工作），雖然無奈，卻也證明如今科技覆蓋無遠弗屆，上班族居住地點無需像過去一樣大幅受限於工作地點，人們可以在還沒退休的時候就開始練習在異地生活，未嘗不是一個意外收穫，尤其對未來有此規劃的人，更是難得良機。

時代真的不同了，十年前我不會這麼說，但現在我給年輕上班族的建議是：**買不起房不要買，養不起小孩不要生。**遊戲規則不公平換個遊戲玩，大環境變成這樣不是你的錯，你也改變不了，只能想辦法應付。**培養移動能力，讓自己成為一個走得出去，隨遇而安的地球公民就是最好辦法！**

第**10**堂課

放下

無需恐懼，不用犧牲，心念一轉，世界海闊天空，
人生不再留白。

退休生活三要素

「對害怕危險的人來說，這個世界充滿危險。」
——蕭伯納，作家

　　《你的降落傘是什麼顏色？》（What color is your parachute?）系列叢書中有一本專門探討退休生活，是我認為這類書籍中比較有用的一本。書中講到經營退休生活有三大要素：健康、金錢、快樂。就像絕大多數這類書籍一樣，書中內容針對的是傳統意義上的退休銀髮族，但對凡是有退休規劃念頭的人，不管年齡高低，都有一定的功用。

　　如果我們試著套用這三大要素來觀察四周的退休族群，會發現台灣的老人處境還算不差。說到健康，身體老化沒辦法，但老人們大都有運動習慣，在公園、學校見到運動人群中，老人比例很高，年輕人少，而且男性比女性少，這應該也是男性平均壽命較短的原因之一。雖然老人愛運動部分原因是健康威脅的關係，但考量台灣有不錯的醫療資源和全民保險，整體來說，健康這個環節雖然有些問題，但不算太嚴重。

　　現代老人經歷過台灣經濟起飛的階段，大都有一定積蓄，再

加上政府津貼補助和各種老人福利，所以真的因為缺錢難以度日的人不多，但對財務不滿足的現象仍然很普遍。一般的信念是金錢多多益善，能夠完全不受消費主義和同儕壓力所困擾的長者，似乎為數不多。有些人對於把財產遺留給子孫的傳統觀念依然根深柢固，認為這是為人長輩的責任和義務，而且留得愈多愈顯示對後輩子孫的關愛照護，更有甚者，把金錢當成換取子孫敬愛的條件。

快樂這個部分，和家人、朋友相處狀況因人而異，比較大的問題出在缺乏對職志的追求。有些老人似乎認為人生責任已了，剩餘時間，盡可能幫幫家人，其他就剩含飴弄孫，無所事事了。辛苦大半輩子，對外界的義務或許早已盡完，但從事職志沒有終點，趁此時外務少，正是開發自我回饋社會的黃金歲月，如果喜歡做什麼但因為怕做不好而不嘗試，卻花大把時間逛街、聊八卦、看電視，既是對自己也是對社會資源的一種浪費，可惜！

這三大要素看似獨立，其實相互作用。一般來說，較健康的人較快樂，較快樂的人較有錢，較有錢的人較健康；反過來說，較窮的人較不快樂，較不快樂的人較不健康，較不健康的人較窮。雖說是銀髮族退休生活的要素，未嘗不能適用於還在人生第二階段打拚的年輕族群，差別只是在某些側重點而已。

還在工作的人，通常將金錢看得比健康和快樂重。這很正常，賺錢本來就是這個人生階段的主要任務，但別忘了，這個階

段總會過去，新階段必將來臨，要盡早做準備，不可以太短視近利，方法就是拋棄至高無上的工作道德觀，讓生活內容盡量平衡。若是你說：「等到下個階段來了，再全心追求健康和快樂不行嗎？」不行！因為如果平時不留心相關人事物，你可能失去必要的身體條件、技能興趣和人際關係，更遑論日後的健康和快樂了。

在以退休為主題的演講中，我注意到中年族群有一個現象：樂於談論並相互吹捧、恭維他人的財富，但談到健康、職志和家庭這些話題，有些人明顯表現出坐立難安。這或許是因為觸碰到他們不欲為外人知的隱私，但更有可能是觸碰到他們不願意坦誠面對自己內心的問題。

我之所以知道，是因為自己也曾經是這樣的人，但很慶幸脫離那個行列。現在每當接觸到這樣的人，總會有往事不堪回首的感嘆，但想幫忙也不容易，因為處在這種狀態除非自己有所警惕，否則別人很難幫上忙。你持續在看本書，表示你不是碰到問題就把頭埋進土裡的鴕鳥，但別忘了，你身邊可能存在許多鴕鳥，我建議你不要受他們的影響，而且要尋找機會協助他們誠實面對自己，相信有一天他們必定會因此而感謝你。

何需羨慕他人？

「我相信從工作生財中退休，但不相信從保持健康中退休。」——杜伊，演員

　　在我拿自己經歷與人談論退休規劃時，最常碰到的挑戰是：「我的狀況和你不同，你以前的薪水高又沒有子女，當然容易做到。」對這些我沒什麼好辯解，每個人的狀況都不同，薪水高低當然有影響，但影響更大的是對金錢的態度和理財方法。有沒有小孩（或有幾個小孩）當然也有影響，但影響更大的是如何教養子女和處理親子關係。

　　如果真心接受人生上下半場的觀念，但因為現實壓力而一時無法進入下半場，那現在該做的事就是盡早做準備，所有人遲早都會退休，愈早開始自由掌控生活內容，愈有可能成就一個利己利人的人生。

　　另一句更常聽到的話是：「好羨慕你這麼早就退休，過無拘無束的生活。」通常我都一笑置之，但如果感受對方很有誠意，就會回一句：「何必羨慕？你的條件可能比我還好啊！」表面看，阻止人們最大的障礙是金錢，但許多人早已跨過「足夠」的

關卡，一種情形是把錢本身當成奮鬥目標，多多益善，當然就無所謂夠不夠。另一種情形是對下半場有所憧憬，卻擔憂拋棄眼前熟悉事物可能帶來的損失和衝擊。這兩種狀況的障礙都不真的是錢，而是：放不下！

還有一群人是人生上下半場的忠實追隨者，這群人追求的目標是盡可能的自由掌控時間做自己愛做的事。他們也需要工作以求溫飽，而且肩負種種來自家庭、社會的責任和義務，於是在爭取自由的同時，做出必要妥協，有人發揮創意，把有限假期一天當三天用，有人彈性上班，有人轉換職位，有人「棄業」一年，在盡量降低工作限制的同時，也盡量創造生活的自由度和新鮮感。

這群人在累積經歷和積蓄後，通常二話不說就跳脫朝九晚五從事兼職工作，轉為跳蚤族從事自由業，其他人則當有需要時才重回職場。只要心態如此，重點不是何時退休，而是如何儘快讓自己進入能自由掌控時空的下半場。

不像有些人一路走來都很了解自己的處境，我是退下來後才有機會真正看清過去是過怎樣的日子。學校畢業至今三十年，大部分時間是在渾渾噩噩中度過，年近中年才驚覺如果時間能重來，我會挑選一條不一樣的人生道路。當然有遺憾，但對於已經經歷過的，也沒什麼好抱怨。因為如果沒有之前的積澱，就不會有六年前那個自認人生至此最明智的抉擇。未來不可預知，對自

己的期許是從此明明白白做人做事，絕不再重蹈人云亦云，隨波逐流的覆轍。

同樣的，過去對所處環境理解不深，從小到大所作所為都在早已被畫好的框框中進行，有時順利有時挫折，四周人都是如此，大夥在相互砥礪、玩笑間形成環抱取暖的安全感。雖然內心有所質疑，但從沒想過跳出框框的可能。

剛退休時很惶恐，像是突然失去長久以來的行為準繩，成了一個局外人，慶幸自由的同時不由自主升起一股孤獨感。但或許旁觀者看得比較清楚，一段時間後，我突然對現代人所處生存環境之惡劣，感到心頭一驚，不知道愈跑愈快卻已然煞不住車的功利主義，究竟要把人們的生活帶到哪裡去？

好消息是，人的平均壽命不斷延長，以現在標準來看，不過幾個世代前的人大都活不到退休年齡，但他們日出而作，日落而息，工作求取溫飽外，還有充足時間享有生命各個面向的樂趣，也達到很高成就。許多對人類歷史有重大貢獻的藝術家、科學家都很短命，莫札特、梵谷甚至活不到四十歲。

現代人活得久，欲常處在「亞健康」的狀態，除了生理疾病更嚴重的是心理，因為壓力和壓抑造成的精神亞健康，不需要統計數字就能從生活中見到一張張缺乏笑容、緊張憂鬱的臉孔，這已經不能算是一種病態，而是常態。

即使如此，相信許多人和以前的我一樣，覺得既然環境如

此，那就接受吧，又不是單獨受難，社會現象也不是我隻手能夠改變得了的，現實雖然不盡人意，起碼熟悉。不能說這種想法不對，人只要誠實面對自己就好。當我發現自己走上和大多數人不同的道路時也曾經徬徨猶豫，但很慶幸堅持了過來。你呢？當發現自己和四周人的想法不同時，是否堅持己見還是「從善如流」？

退休五年誌

「當發現自己和多數人意見一致時，就應該暫停並反省。」
——馬克吐溫，作家

以下文字是我在退休第五年時寫下，檢討自己的退休生活。

我在四十五歲那年退休，現在年齡正好滿半百，想想挺丟臉，孔老夫子說三十而立、四十而不惑，我三十歲還沒成家，是個賴在父母家中的小上班族，四十歲事業發展如火如荼，卻也正是開始對未來產生疑惑的時候。五十該知天命了，卻高高興興的走在摸索生命的旅程。唯一可以自我安慰的是，現代人活得比古人久些，就當自己晚熟，用自認依然青春的肉體彌補智能發展的落後。

如果把離開企業定義為人生上半場的結束，那麼中場摸索方向大約花了兩年左右，倒不是說從此一帆風順，連「不惑」都談不上，更別說隨心所欲了。其實，探索過程無止境，只能說現在不像剛退休時對事情輕重緩急那麼難以拿捏、掌握而已。如今回看這五年，究竟發生了什麼事？和原來預期有何不同？

首先檢視原來最擔心的財務狀況，除了一年前賣房結餘外，

變化其實不大，大致都能做到入可敷出。理財投資佈局經過幾次調整，基本上進入自動駕駛模式，偶爾看看就好。雖然未來難以預測，但期待漸漸發酵的複利效果能抵銷可能的負面影響。原來打算，如果狀況不好隨時重返職場，很慶幸，現在看來這個必要性不高，可以把所有時間專注在想做的事情上而沒有後顧之憂。這點很重要，因為隨著年齡增長，原來有恃無恐的生財能力想必正在快速退化中。

如果碰到狀況，開源既然不切實際，那就得靠節流。這方面問題不大，簡單的生活形態大致已經固定，也始終保持調整居住地點的彈性。旅行開銷是最大變數，旅行的次數、遠近和時間長短，因此成了調節整體支出的多重按鈕。

親友質疑我，賣房後手頭較寬裕，生活內容必定有所改變，起碼這一年來做到完全不受影響，唯一為此多做的一件事是立下一個遺囑，我倆旅行多，意外風險自然也較大，以前沒想太多，賣房後有餘裕，希望對慈善事業多做些貢獻，為此，預先做應變安排總是比較心安。

身體健康部分，自然老化避免不了，其他像客觀的醫療環境和主觀的運動習慣都還不錯，繼續保持。旅行大致符合規劃，期望未來配合居住地調整能更加豐富內容。閱讀差強人意，前兩年抓起任何書就啃，像是要彌補過去二十多年落後的進度，近兩年被生活中新增加的事物搶走不少閱讀時間，需要從其他活動，比

方像更少看電視、少上網，來做調整。

　　最大的建樹是，找到寫作的挑戰和重新拾回彈吉他的興趣。寫作加上延伸出來的演講，成為和外界溝通、分享的管道以及影響、幫助他人的工具，好玩又有意義。如果持續不斷的做下去，期望影響範圍能夠擴大，但更重要的是不斷充實自己以確保言之有物。同樣一件事翻來覆去的說，別說別人，連自己都厭煩。反之，常有新的體會驚喜，就算不能和別人分享，也不減少創造、探索本身的樂趣。吉他是生活最好的調劑，音樂讓人身心舒暢，學習帶來充實喜樂。

　　最值得改進的是和親戚、朋友的互動。退休以前，總以為時間和距離是經營社交的主要障礙，退休後才發現過去所謂的社交圈，通常不過是一群有眼前共同利害關係的人，人際網絡隨時空變化而變化，大環境使然，無可厚非。親戚當然不同，但或許受個性影響，和誰都不習慣太密集的接觸交往。短時間內要碰上和自己有類似背景、經歷的人不容易，改進現況是眼前無解的難題，只好把它當成未來待解的功課。

　　五年來，大部分時間充實愉快，但也有猶豫徬徨的時候。有時想到自己正值壯年，過的卻是許多人眼中遊手好閒的日子，多少有些愧疚。但就算自我安慰吧，如果繼續留在上班族行列，恐怕對國家社會，甚至公司企業的貢獻都不會太大，與其尸位素餐，還不如換種方式從事生產。況且平時該盡的責任、義務從不

落人後，雖然比以前少繳所得稅，但身強體健，佔用的社會資源不多，起碼短時間內不至於成為任何人的負擔。反過頭來，我倒想問問這個社會：能讓我這樣的人發揮所長，貢獻心力的管道為何如此有限？

退而不休

「我不相信失敗，只要你享受過程就不會失敗。」
——歐普拉，節目主持人

　　剛退休那幾年，每隔一段時間就會聽到以前同事、同學升遷或榮調的訊息。很正常，陸續邁入中年的我們這一代人，正處於事業高峰期，幾年不見再聚首，掏出名片不是總經理就是副總裁，有時還有社長、會長之類的附加頭銜。

　　而我既然沒有任何正式職務，就省了用名片，但面對詢問總得說些什麼吧，如果問最近都在做什麼，照理我應該回答剛參加完高雄市街頭藝人甄試但失敗了，正在全力準備半年後的下一輪挑戰，但除非是很熟的朋友，通常我不會這麼坦白。

　　不坦白不是怕丟人，這些年來我早已沒有「我是誰」的困擾，但也不想刻意突顯自己與眾不同，我只想安安分分的走在實現自我的道路上，做自己愛做、會做，又覺得有意義的事。

　　彈吉他就是其中之一。雖然才能有限但樂此不疲，期望能用街頭藝人的執照證明自己的進步，和與人分享音樂的機會。追求的頭銜或許和大多數人不大一樣，但這就是我現階段自發的追

求，如果有幸成功，一定會將這些年來擁有的第一個頭銜印在名片上。如果你一段時間後碰巧在高雄街頭，看到一位自彈自唱的怪叔叔，不要懷疑，那就是我，記得打賞！

這本書中我們不斷提到「退休」二字，那是因為找不到其他更合適的字眼。事實上，退的目的真的不是為休，不但不休，還要比過去更加專注於工作，樂於工作，藉由工作實現自我。之前說過，如果眼前工作就是最適合你的職志，千萬不要退，退了還要延續原來的工作，如果退下來之後什麼都不做，那就徹底失去意義了。

如果你很清楚自己有哪些天賦、才能、特點，太好了，需要做的是想辦法讓它們和你藉以維生的工作緊密結合。但通常更有可能的是兩種情形：你不確定自己究竟有什麼特殊長才；或者，你發現要將不受控制的工作內容和長才相結合很困難。事實上，很多人發現一旦將自己愛做、會做的事情轉換成賺錢的工作以後，樂趣就大幅降低了。就像從事各種行業的人把高爾夫當成興趣嗜好，但職業高爾夫球員休閒的時候絕不會去摸球桿，道理是一樣的。

碰上這兩種狀況你就必須放下，不是逃避、不是放棄，而是積極主動的放下，目的是為了提起更多，這話說起來容易，做起來的確很難。我們大部分的人不是梵谷，不做自己愛做的事就像活不下去一樣，我們需要經過一段探索才能找到天職所在。即使

你自認很清楚退休後最想做什麼事，在沒有全部身心投入之前，也真的不知道探索的過程將會把你帶到哪裡。許多人想要腳踏兩條船，放下部分、提起一些，你當然也可以做類似的嘗試，但老實說，我並不看好這麼做的效果。縱身一跳究竟有多難？說難很難，說不難也真沒有多難，這就是我寫這本書的目的，你如果通過前面九堂課的考驗，對你來說現在就是真理顯現的時刻。

我建議你、鼓勵你、催促你、懇求你，為了家人朋友，為了國家社稷，為了不白走人生這麼一遭，閉起眼睛，往下跳吧！新鮮刺激、海闊天空的人生，必定將在你重新張開雙眼的那一刻展開。如果閱讀到此，你心中還有諸多猶豫懷疑，也沒關係，只是正常反應，現在需要做的是，問自己一個在看本書前原以為很確定答案的問題：我還想儘早退休嗎？如果答案是否定的，很高興這本書改變你一些想法，看完就把書送給別人或乾脆丟了吧。

如果你的答案依然是：當然！而且愈快愈好！那麼我建議你，將這十堂課重新閱讀一遍，看看你的猶豫懷疑產生在哪裡？想想有何解決之道？你不需要每堂課都得高分，但及格低空掠過還是必要的。如果十堂課裡有七、八堂都過不了關，那就摸摸鼻子把這本書收起來，過兩年再拿出來看，但如果只是被卡在某一個特定環節，怎麼都過不去，建議你找個合適的對象談談，也可以寫封電郵給我（Email: roytien2006@gmail.com），或許能幫你出點主意。

人生不留白

「如果一個人充滿自信向夢想前進，堅持自己想過的生活，就會在意想不到的時刻得到成功。」——梭羅，作家

　　當年選擇退休最主要的動力是離開惱人的工作，六年來，反而學到一個教訓：人只要活著就要工作。《蝴蝶與潛水鐘》的作者四十四歲突然全身中風，眨動唯一能動的左眼寫下這本書，人們把它當成殘而不廢的勵志故事來閱讀，讀完後感動落淚。我看完之後很佩服他的耐性，但除此之外只覺得理所當然：我思故我在，我在故我思。

　　可惜的是，四周有些銀髮退休族，或是還在工作的年輕人，就跟以前的我一樣，生活中缺乏學習創造、探索冒險，雖然四肢健全卻缺乏生趣。工作是件好事，但不該只是賺錢的工具，而必須是開發自我的手段。做不到這點，就應該在可能範圍內盡量減少，做出調整，或甚至完全放下。放下的同時，生活中卻又一天都不能缺少幫助實現自我的工作，也就是職志。老病死並不可畏，可畏的是人好好活著，卻把天生的好奇心和求知慾主動繳械。

離開職場以來，我的生活軌跡和絕大部分同齡人很不一樣，這樣的差異可能還會維持一段時間，直到大夥陸續加入退休的行列。但現在除了別人週末假期外出活動，我假期待在家裡避開人潮外，對這樣的差異已沒什麼特別感覺。生活就是這麼回事，上班其實只是一種形式，真正的重點還在如何創造，結合適度愉快和豐富喜悅的生活。如果從事的職業能發揮特長帶來滿足，那何必退休？如果不是，那就得給自己一個充分的理由賴著不走。

有人說我的某些想法像老外，或許吧，尤其在澳洲居住那兩年讓我大開眼界。別的地方人們拚命加班，澳洲人每天準時下班陪伴家人；別的地方同事愛聊辦公室八卦，澳洲同事最愛談到哪裡休假。澳洲人似乎是：如果不是正在旅行，就是正在計劃旅行。碰上困難、不順的事情，一般人生氣抱怨，澳洲人卻輕輕一句「No Worry!」這些現象在潛移默化間，必定對我過去固有的價值體系產生或多或少的衝擊。說我像老外，言外之意就是不適合本土。沒關係，人各有志嘛！但如果能幫助我們走上樂活人生道路，又何必在意想法從何而來呢？

還有人說我的想法和某些宗教教義類似。我不信教，所以不知道。我自認並不怪異，對名利財富不但不排斥，簡直愛死了，只是不願意為了一件好東西放棄另一件好東西而已。當我在努力找樂子的時候，看在外人眼中卻像是淡泊名利的表現，或許這就是說我接近宗教的原因。反過頭來，我倒很想知道這社會中有許

多一切向錢看的虔誠教徒，他們是如何心安理得的達到錢財和教義之間的平衡？

　　人只能活一次，而且時間不長，何不精采、過癮的走一遭？不要等到如何如何，才來如何如何，時間是不等人的，這並不是自私，把自己的日子過好，發揮自己的長才特點，是對家庭和社會最好的回報。在我之前已經有許多人選擇類似的道路，如果認為自己沒有那個條件，最好再用力想想，有時只是腦袋轉個小彎就能碰上海闊天空。我也不是建議你明天就辭職，買個背包踏上旅途，而是考慮從現況中做調整，不用擔心不知該如何開始，只要心態對了，答案自然會出現。

　　許多人都想早點退休，我的例子或許不完全適用於你，但那不是重點，重點是想清楚自己到底想過什麼樣的生活？不是別人眼中的你，甚至可能不是你眼前認知的自己，而是多年來被世俗雜務掩埋在內心深處的你。重新找到他、認識他、相信他、發展他，這不是什麼時尚、深奧的哲學或科學，而是每個人與生俱來的良知良能。追求的也不過是和千千萬萬年來，老祖先們所追求一樣的東西而已，換句話說就是返璞歸真、實現自我。你，準備好了嗎？

課後自省

- 在金錢、快樂和健康三因素中，最欠缺什麼？如何補足？
- 如何調整工作內容或方式，讓自己過更平衡的生活？
- 擔心自己的思想行為和四周人不一樣嗎？
- 如果下個月辭去工作，最壞的後果是什麼？如何因應？
- 如果下個月被公司裁員，最壞的後果是什麼？如何因應？
- 如果可以請一年的長假，要如何運用？
- 閱讀至此，還想要在四十五歲退休嗎？
- 這本書的內容，是否有改變過去的想法？
- 這十堂課過關了幾堂？哪幾堂碰上困難？如何解決？
- 難以解決的部分，打算尋求什麼協助？
- 打算和什麼人分享這十堂課的內容？
- 打算如何處理這本看完的書？

十年後

三座大山：金錢，面子，生死

任何人都沒有自信明天一定還活著。
——尤里比底斯，劇作家

如果前九堂課有任何一堂不及格，大概也沒必要修這堂了，但如果全部pass，這堂就成為關鍵中的關鍵。過去幾年，我見過不少具備退休條件的人，卡在這裡怎麼都過不去，在我曾收到的信件中，讀者提到各種疑難雜症，其中最多的當屬：放～不～下！

是什麼造成明明能自由自在做愛做的事，過想過生活的人猶猶豫豫，躊躇不前，個人認為有三大因素：1.金錢，2.面子，3.生死！

錢的問題在於看不透它的工具本質，在充滿功利主義的社會

打滾半輩子，錢是許多人內化於心的價值判斷標準，只可能嫌少，不可能嫌多，把時間精力花在和賺錢或省錢相關事物上天經地義，反過來說，如果還有賺錢機會卻不去賺，則可能被視為離經叛道。

我當年離開職場引來不少臆測，有人以為我生重病無法繼續工作，有人以為我違反公司規定被解僱，轉換人生跑道的說法則被解讀為只是想換一個薪水更高的工作，老同事和我打賭不出一年一定重回職場，總之，無論如何解釋要給自己一個走不同人生道路的機會，旁人都很難真正理解。

原以為隨時代演進，社會富裕可讓人們較不受限生活現實，教育改革能讓人更重視發揮天賦，結果卻是多數人仍將人生目標和榮華富貴劃上等號。年輕一代從小被灌輸人生勝利觀念，目標不是高富帥就是白富美，如果說過去人們被「貧窮」限制生活想像力，限制現代人的就是「貪婪」。

第二個障礙是面子，同樣是從人生上半場帶過來的生活習性，我們從小求學到長大工作都被教導，訓練要競爭求勝，潛移默化中培養出鮮明階級意識，並由此產生各種壓力，這些壓力在人生上半場帶來的大都是正面向上力量，進入下半場則弊大於利。

我之前在高雄愛河當街頭藝人，出發點很簡單，自己愛唱並和同好分享同樂，但那段經歷讓我理解多數人可不是這麼看的，

表演中，有人問我從總經理到街頭賣唱要如何調整心態？有人指著我對女兒說不好好念書長大就會變成這樣，多數其他人則把我當空氣。

我也曾為此感到困擾，考慮過放棄，後來漸漸想清楚一切不過面子問題，我是我，他是他，如果他說得對何必生氣？如果不對又何必在意？放棄除了委屈自己，誰得到好處？但要克服這樣的心理障礙不容易，更別說多數人在開始嘗試前就因為說服不了自己而放棄機會。

第三點則是看不清生死，華人文化視死為禁忌，不願直視面對人生大限的結果是凡事求安穩，不願冒風險，但不冒風險如何追求理想，成就樂趣？保守心態在過去戰亂頻仍，物資短缺的年代不難理解，現今經濟發達，百業爭鳴，人們仍要自我設限，說不過去。

常聽人說等到準備好要去做想做的事，事實是人生現實殘酷，如果「準備好」指的是有錢有閒，那多數人根本等不到那一天，因為目標永遠在移動；如果指的是生病復原，小孩完成學業等，那就算真的等到，很可能已失去其他條件，重點是，不管等不等得到，短暫生命都經不起「等」。

以上就是阻礙人們縱身一跳的三座大山，如何克服？說難很難，只要心中有罣礙多數人寧願選擇保持現狀；說容易其實也很容易，對於已通過前九堂課的人，這三件事其實不是實質，而是

心理障礙，全看是否有勇氣面對，有句話說「勇敢不是不害怕，而是心中畏懼，依然前行」，正是這個道理！

本書內容講的是如何在四十五歲退休，但看到這裡你應該早已發現，重點既不是四十五歲，也不是退休，生活在這個年代，年齡真的只是數字，退休不過換個方式學習工作，本書講的其實是「**如何在人生最早可能階段，開始過屬於自己的生活，走上自我實現道路**」。

這個觀念十年前相當前衛，十年後的現在依然不是主流，所以如果你不認同很正常，抱歉浪費你那麼多閱讀時間，但如果你像許多受《45退休》影響，因而在生活，工作，家庭中做出改變的人一樣，那麼，這本書就是你值得長久保存，一看再看的良師益友！

VU00169

45歲退休，你準備好了？（十周年全新增訂版）

作　　　者—田臨斌
主　　　編—林潔欣
企劃主任—王綾翊
設　　　計—江儀玲
排　　　版—游淑萍

總 編 輯—梁芳春
董 事 長—趙政岷
出 版 者—時報文化出版企業股份有限公司
　　　　　108019 臺北市和平西路 3 段 240 號 3 樓
　　　　　發行專線—（02）2306-6842
　　　　　讀者服務專線—0800-231-705‧（02）2304-7103
　　　　　讀者服務傳真—（02）2306-6842
　　　　　郵撥—19344724　時報文化出版公司
　　　　　信箱—10899 臺北華江橋郵局第 99 信箱
時報悅讀網—http://www.readingtimes.com.tw
法律顧問—理律法律事務所　陳長文律師、李念祖律師
印　　　刷—勁達印刷股份有限公司
二版一刷—2022 年 4 月 8 日
二版七刷—2024 年 6 月 11 日
定　　　價—新臺幣 360 元
（缺頁或破損的書，請寄回更換）

45歲退休，你準備好了？／田臨斌著 . -- 二版 . -- 臺北市：時報
文化出版企業股份有限公司, 2022.04
　　面；公分 . -

　　ISBN　978-626-335-190-5（平裝）
　　1.CST: 退休 2.CST: 生涯規劃 3.CST: 生活指導
544.83　　　　　　　　　　　　　　　　　111003668

ISBN　9786263351905
Printed in Taiwan